프랜시스 챈이 교회에 보내는 편지
교회의 부르심

LETTERS TO THE CHURCH
Copyright ⓒ 2018 by Crazy Love Ministries
All rights reserved

Korean translation copyright ⓒ 2024 by Togijangi Publishing House
2F, 71-1 Donggyo-ro. Mapogu, Seoul 04018, Korea

This Korean edition is published by arrangement with Cook Communications Ministries (4050 Lee Vance Drive Colorado Springs, CO 80918 USA)

본 저작물의 한국어판 저작권은 Cook Communications Ministries와의 독점계약으로 '도서출판 토기장이'가 소유합니다. 저작권법에 의하여 한국 내에서 보호를 받는 저작물이므로 무단 복제를 금합니다.

특별한 표기가 없는 모든 성경 구절은 개역개정성경을 인용한 것입니다.

프랜시스 챈이 교회에 보내는 편지
교회의 부르심

프랜시스 챈 지음 | 김진선 옮김

토기장이

「교회의 부르심」은 주님이 세우신 교회의 영광을 보여 준다. 팬데믹을 통해 우리는 교회의 영광을 망각하게 되었다. 교회 공동체의 한 지체가 됨을 망각하게 되었다. 온라인 예배에 익숙해지면서 편안함에 익숙해졌다. 저자는 이 책에서 주님의 교회가 얼마나 소중한가를 깨우쳐 준다. 성도가 곧 교회이며, 우리가 그리스도의 몸 된 교회로 부름받았다는 것이 얼마나 축복인가를 깨우쳐 준다.

저자는 깊은 자아 성찰을 통해 주님의 교회는 어떤 교회가 되어야 하며, 목회자는 어떻게 살아야 하는지를 보여 준다. 교회 성장과 크기와 성공과 인기에 함몰되지 않는, 섬기는 목회자로 살기 위해 몸부림치는 모습을 보여 준다.

그는 설교할 때마다 설교자 자신이 그리스도보다 더 주목받고 있는 것은 아닌지 고민한다. 또한 자신의 관심이 그리스도께 더 집중되었는지 자신에게 더 집중되었는지 고민한다. 그는 교회에 오랫동안 출석하면서도 성장하지 못하는 성도들을 보면서 괴로워한다. 미성숙한 성도로 가득 찬 교회, 훈련이 부재한 교회의 모습 때문에 괴로워한다.

저자는 목회자들이 고난 중에 기뻐하는 법을 배우지 못한 까닭에 너무 쉽게 낙심하고 중도에 포기하는 것에 안타까워한다. 저자는 거듭 그리스도의 제자들이 치러야 할 대가를 강조한다. 이 책은 우리를 깨우는 책이다. 거듭 본질로 돌아가게 만드는 책이다. 거듭 기본에 충실하게 만드는 책이다. 안락하게 지내는 우리를 불편하게 만들어 참된 그리스도의 제자가 되도록 깨우치는 책이다.

저자는 고난을 감수하되 사람들을 사랑하라고 권면한다. 교회는 그리스도의 신부이며 그리스도의 군사로 부르심을 받았다고 강조한다. 또한 세상을 변화시키는 힘을 지니고 있다고 말한다. 야성을 잃어버린 교회에 야성을 회복해야 한다고 강조한다. 또한 어린이들의 역할을 강조한다. 모든 어린이가 그렇게 할 수는 없지만 야성을 회복한 어린이들이 공립학교의 선교사가 되었으면 좋겠다고 도전한다.

나는 이 책을 우리를 거듭 다시 교회로 부르시는 하나님의 뜻을 알기 원하는 분들에게 추천하고 싶다. 동물원에 갇혀 야생을 잃어버린 동물처럼 살아가는 성도들에게 야생을 심어 주기 원하는 목회자들에게 추천하고 싶다. 교회 개척을 두려워하고 망설이는 젊은 목회자들에게 추천하고 싶다. 작지만 활기 넘치는 작은 교회를 세우기 원하는 목회자들에게 추천하고 싶다. 한국교회와 이민교회가 가지고 있는 문제점에 대한 대안을 찾기 원하는 목회자들에게 추천하고 싶다.

강준민 L.A. 새생명비전교회 담임목사

오늘날의 교회는 '야성'을 잃어버렸다. 넓은 벌판의 야생을 뛰어다녀야 하지만 동물원에 갇힌 얼룩말 신세로 전락했다. 프랜시스 챈은 뜨거운 목소리로 잠자는 우리의 야성을 깨운다. 마치 구약의 선지자가 무너지는 이스라엘을 향해 외치듯이, 선지자적 목소리로 잠자는 교회를 향해 참된 교회로 돌아올 것을 외친다.「교회의 부르심」은 프란스시 챈이 교회에 보내는 메시지가 아니라 잘못된 방향으로 가고 있지만 깨닫지 못하는 안일한 상태의 교회들을 향해 "열심을 내라, 회개하라" 외치시는 예수님의 메시지처럼 들린다.「교회의 부르심」은 회개를 불러일으키는 선지자의 메시지이다. 또 교회의 본질이 무엇인지를 보게 하고 성경적 교회에 대한 비전을 가지게 한다. 동시에 너무나 이상적인 메시지여서 현실의 교회에 너무 많은 기대를 하는 것은 아닌가 하는 우려가 들기도 한다. 그러나 우리의 목표는 어느 정도 괜찮은 그리스도인이 아니라 그리스도의 장성한 분량까지이기에, 교회의 목표도 가장 성경적인 목표를 두고 기도하는 것이 당연한 일일 것이다.「교회의 부르심」은 오늘 우리 교회가 어디로 가는지를 보게 하고 어디에 이르렀는지를 평가하는 좋은 리트머스 시험지가 될 것이다. 내 안에 잠자던 야성을 꿈틀거리게 한다.

고상섭 그 사랑교회 담임목사, CTCKorea 이사

프랜시스 챈 목사는 우리 신앙의 출발점이 되는 하나님의 크신 사랑을 깨닫게 하고 삶으로 살아내라 독려하는 이 시대의 참된 목회자이다. 「교회의 부르심」은 이전 그의 저서처럼 하나님을 향한 우리의 열정을 불러일으킨다. 예수님의 몸 된 교회를 사랑하는 애틋한 마음으로 교회를 향한 편지를 썼던 바울처럼, 저자는 오늘날의 교회를 애정 어린 시선으로 바라보며 그리스도의 지체인 우리가 지켜야 할 본질적인 가치를 써 내려간다. 프랜시스 챈 목사의 이 책이 급변하는 세상 속에서 그리스도인으로 살아가기를 원하는 이들에게 교회의 본질을 되새기게 하기를 바란다.

김병삼 만나교회 담임목사

이론과 실제는 원래 다른 것인가? 성경이 말하는 교회의 모습과 실제 교회의 모습은 다를 수밖에 없는 것인가? 저자는 자신의 목회 사역을 돌아보며 성경이 말하는 교회의 모습과 현실 속 교회의 모습이 달라서는 안 된다고 힘주어 말한다.

이런 전제하에 저자는 오늘날 교회 공동체의 여러 가지 문제점들을 하나하나 점검한다. 찬찬히 읽으며 묵상하다 보니 버릴 것이 하나도 없다. 이런 내용을 미리 알았더라면 하는 아쉬움이 앞선다. 그런 점에서 현재 목회를 하고 있는 분들이나 목회를 준비하고 있는 분들에게 이 책을 추천하고 싶다. 교회에 대해 진지하게 고민하며 사역하였던 목회자가 기도와 고뇌 그리고 회개 속에서 발견한 귀한 영적 교훈을 담은 책이기에 하나님이 기뻐하시는 교회 공동체를 이루어 가는 데 큰 유익이 되리라 확신한다.

프랜시스 챈이 말하고 있는 교회 공동체는 세상의 여러 조직 가운데 하나가 아니라 생명력을 가진 유기체이다. 그러기에 예수 그리스도의 몸 된 교회를 이루는 데 있어서 중요한 것은 사역이나 목회 방법론이 아니라 교회의 본질이 회복되는 일이다.

저자는 수적 성장을 위해 교회 본질을 잃어버리고 있는 현대 교회의 모습을 보며 안타까워한다. 여러 가지 현실의 문제를 해결하고자 이 방법 저

방법을 다 써 가면서 힘들게 목회하고 있는 교회의 모습이나 또는 최신 트렌드의 교회 성장론을 따라가려고 부단히 애쓰며 길 잃고 방황하는 교회 모습 속에서 교회를 향한 하나님의 아름다운 계획을 보지 못하고 있는 현 상황이 안쓰럽게 여겨지기 때문이다. 교회의 본질에 대해 이야기를 하되 그 본질이 단순한 이론이나 신학에서 나온 것이 아니라 그의 삶과 사역 속에서 나오는 본질의 이야기인지라 힘이 있다. 그러나 현실의 문제 앞에서 넘어야 할 산이 크고 많고 높다는 것도 알게 되었다. 그럼에도 용기 있게 그 산을 넘고자 도전하는 저자에게 박수를 보내고 싶다. 기쁜 마음으로 확신을 가득 담아 이 멋진 책을 모든 분들께 추천하고 싶다.

박동찬 일산광림교회 담임목사

Back to basic! 교회가 어려울 때마다 '본질을 회복하자,' '초대 교회로 돌아가자'는 말들은 많았지만, 늘 구호로만 그치기 일쑤였다. 하지만 이 책은 초대 교회를 모델 삼아 우직하게 도전하고 치열하게 실행했던 '정답노트'와 같은 지혜를 제공한다.

우리는 늘 방법에 목말라한다. 더 참신한 교회성장론이나 기발한 프로그램을 고민한다. 그러나 저자는 더 이상의 대안을 찾지 말고 정공법으로 나갈 것을 호소하고 있다. 우리 힘으로 부흥을 노래하는 것은 어리석은 일이고, 왜곡된 교회의 모습이 예수님을 전하는 데 가장 큰 방해가 된다고 설파한다. 뻔한 원론적 이야기를 반복하는 게 아닐까 싶지만 절대 그렇지 않다. 처치비앤비와 같은 모델은 너무도 매력적이고, 세계 곳곳에서 같은 정신으로 부흥을 이루는 사례들은 가슴을 뛰게 한다.

준비가 안 된 교회 리더들에게는 불편함을 넘어 다소 위험할 수도 있는 책이기는 하다. 그러나 영적 디톡스의 마음으로 이 책을 읽고 치밀하게 적용해 본다면, 우리 목회 현장에서도 사도행전의 동일한 역사들을 보게 되리라 확신한다. 모든 목회자의 서재에 반드시 꽂아 두어야 할 아주 좋은 책이 나왔다. 귀한 책을 소개해 준 출판사에 깊은 감사를 전한다.

안광복 청주상당교회 담임목사

우리 모두의 마음 깊은 곳에는 어떤 동경이 있다. '진짜 교회'를 찾고, 그 안에서 함께 즐거워하며, 함께 영원한 본향으로 들어가는 것이다. 종교가 아니라 따뜻한 사랑의 온기가 넘치는, 세상이 줄 수 없는 참된 것을 받을 수 있는 그 어떤 곳을 찾아 교회로 왔다. 그 안에서 진심으로 환호하기도 했지만, 어느덧 그저 종교만을 주는 교회에 절망하게 됐다.

이 책의 저자인 프랜시스 챈이 동경했던 교회, 즉 하나님께 진심의 찬양을 드리고, 모두가 하나님의 말씀을 들으며, 구성원 한 사람도 빠짐없이 성결한 삶을 사는 진짜 교회에 대한 소망은 누구에게나 있다. 하지만 현실의 중력은 언제나 우리를 아래로 끌어당긴다. 그래서 시간이 지나면서 동경은 사라진다. 믿음은 그저 이상(理想)에 머물며 말씀을 전하는 자나, 듣는 자나 믿음이 현실이 되는 기대를 포기해 버린다. 그러면서 교회라는 세상의 구원선은 세상에서 표류하게 됐다.

이 책은 참된 교회를 동경했지만, 교회를 '잃어버리게' 된 이 땅의 많은 사람들을 위한 책이다. 잃어버린 '진짜 교회'를 찾기 위해 제도적, 종교적 교회를 떠나는 사람들이 많아진 지금의 현실 속에서 우리가 바로 주님의 몸 된 교회임을(We Are Church) 상기시켜 주는 귀한 책이다. 돌아보면 세상의 중력에 의해 아래로 떨어지는 것이 아니라 중력을 거슬러 '위쪽으로' 떨어지는 교회들이 있다. 저자는 그런 교회들을 순례하며 교회에 대한 자신의 동경이 그저 이상으로 끝나는 것이 아니라 지금, 내가 거하는 바로 이곳에서 현실화될 수 있다는 사실을 깨달았다. 그리고 그 실험을 시작했다. '우리가 바로 교회'임을 인식하며, 잃어버린 교회를 찾는 여정을 떠나는 구도자들을 통해 우리의 교회는 다시 부흥하리라. 그 길을 떠나기 전에 꼭 읽어야 할, 여정에 지니고 가야 할 소중한 책이라 생각되어 일독하기를 추천한다.

이태형 기록문화연구소 소장

화려한 건물이나 유명한 설교, 은혜로운 찬양인도 등이 아닌 오직 초자연적인 사랑으로 유명해진 교회의 이름을 말할 수 있는가? 저자의 이 날카로운 질문 앞에 겸손해질 수밖에 없었다. 저자의 말대로 우리는 일주일에 한 번 90분짜리 설교를 듣는 것만으로도 그리스도인이라고 말하는 시대를 살아가고 있기 때문이다. 이 책은 때로는 날카롭게, 때로는 자신의 경험을 들어 겸손하게 교회의 본질을 일깨워 준다. 고난 속에서 오히려 기뻐하고, 초자연적인 사랑으로 서로 하나 됨을 이루며, 성도 개개인이 야생의 신앙으로 불가능한 일을 이루어내는 능력 있는 교회. 그것은 단순히 이상적인 목표가 아니다. 교회를 향한 하나님의 명령이다. 이제 사람의 관심을 끌기 위한 프로그램들은 과감히 걷어내고, 하나님이 처음 계획하셨던 교회의 부르심에 응답할 때이다.

이찬수 분당우리교회 담임목사

프랜시스 챈은 자신의 지난 30년의 목회를 뒤돌아보며 지금이 "그 어느 때보다 예수님과 더 깊은 사랑을 누리며 교회를 향한 사랑 역시 그 어느 때보다 뜨겁다"라고 고백한다. 시미 밸리에 개척하여 16년간 사역하며 대형교회를 이룬 코너스톤 교회를 사임하고, 다시 샌프란시스코에서 '위 아 처치'(We Are Church)를 개척하여 20명 이상이 되면 분립하는 교회를 목회하고 있으면서 어떻게 이런 말을 할 수 있을까? '정말 이런 일이 가능할까?' 이 책에 그런 내용이 나와 있다. 더구나 그는 현재 자신이 하고 있는 교회에 대한 경험이 그동안 성경에서 읽은 내용과 일치하고 있다고 말한다. 우리는 코너스톤 교회의 프랜시스 챈 목사를 꿈꾸고 있는데, 그는 만약에 25년 전으로 돌아갈 수 있다면 지금처럼 목회하고 싶다고 반성하고 있다. 정말 궁금하지 않은가? 그리고 새로운 개념 '처치비앤비'에 대해 알고 싶지 않은가?

프랜시스 챈의 「교회의 부르심」은 자신이 마지막으로 책을 쓴다면 담고 싶은 유언 같은 내용이라고 말한다. 마치 예수님이 요한을 통하여 교회에 보낸 마지막 편지 요한계시록을 읽는 것 같다. 바울도 한 교회에 머물며 목회할 수 없어서 자신이 목회했던 교회 또는 흩어진 교회에 편지 목회를 했다. 때로는 교회 공동체를 위해, 때로는 사역자나 개인 성도를 '책망하고 격려하기 위해' 편지를 썼다. 프랜시스 챈의 「교회의 부르심」은 교회는 무엇이며, 사역자는 무엇을 하는 사람이며, 신자는 어떠해야 하는지를 솔직하고 구체적이고 실재적으로 쓰고 있다. 나는 항상 "내가 교회입니다. 당신이 교회입니다. 우리가 교회입니다"라고 외쳤다. 그런데 바로 이 책에 그 교회의 모습을 그대로 담고 있다. 우리가 다시 교회로 바로 서기 위해서 우리에게 보내는 프랜시스 챈의 이 편지들을 사도가 보낸 서신처럼 실천적으로 읽어야 하겠다. 여기에 답이 있다. 성경적 믿음과 건강한 교회를 위해서 실천적 독서를 권한다.

한기채 중앙성결교회 담임목사, 기독교대한성결교회 전 총회장

이 책을 읽고 프랜시스 챈이 이끌어 주는 사랑의 손길을 따라 하나님의 말씀과 직접 대면해 보라. 그리고 변화가 필요한 부분을 고민하라는 겸허한 그의 요청을 받아들이고 하나님이 계획해 두신 교회의 신비와 아름다움을 체험하도록 하라.

데이비드 플랫 「래디컬」 저자

차례

감사의 글

1장. 개척한 코너스톤 교회를 떠나다 _____ 015

2장. 교회의 신비에 눈뜨라 _____ 039

3장. 교회를 향한 하나님의 주문서 _____ 059

4장. 갱단에게서 배우는 교훈 _____ 089

5장. 종의 마음 vs 고객의 마음 _____ 109

6장. 교회를 변화시키는 경건한 리더십 _____ 129

7장. 고난은 주님의 계획의 일부이다 _____ 157

8장. 야생의 신앙을 회복하라 _____ 185

9장. 하나님의 부르심에 응답하는 교회 _____ 205

후기. 오만에 굴복하지 말라

감사의 글

이 책에 도움을 주신 분들이 많이 있다. 신학적 근거부터 논리적 구성과 문법에 이르기까지 집필 과정을 무사히 끝낼 수 있도록 도움을 주신 분들이다. 지금 제 인생의 대부분 일들이 그러하듯이 이 책은 분명히 모두가 함께 노력해서 얻은 결과물이다.

위 아 처치(We Are Church)의 케빈 킴, 케빈 셰던, 저스틴 클라크, 롭 자발라, 션 브레이키, 피라 트리타사비트 장로님들에게 특히 감사를 드린다. 나를 위해 늘 잊지 않고 기도해 주셨다. 그리스도와 친밀하게 교제하며 섬기는 일에 나의 모델이 되어 주셨고 내가 인생의 가장 중요한 일을 우선순위에 놓고 실천하는 데 큰 도전이 되어 주셨다.

집필팀에 특히 감사를 드린다. 편집하고 생각을 다시 한번 정리하는 데 도움을 준 마크 부빙, 책의 얼개를 짜는 데 도움을 준 케빈과 칼미아와 쟌, 내 생각을 다시 한번 보완하도록 시간을 들여 도와준 션, 짜증을 내고 싶은 마음을 자제하면서 마음껏 인생의 포부를 펼치도록 자유를 준 리즈, 모두에게 감사하다. 끝으로 특히 마지막에 나를 구해 준 머시 챈 군에게 감사하다. 항상 괴짜처럼 굴었던 아이가 이렇게 큰 도움이 되다니 누가 생각이나 했겠는가?

신실하게 교인들을 목양하고 사랑으로 섬겨 준 '위 아 처치'의 모든 사역자에게 감사를 드린다. 데니스 마슬로브, 네이트 코넬리, 조 펨버튼, 데이비드 메니슨, 차즈 메이어, 폴 메이어, 브라이언 카수노키, 아론 로빈슨, 피터 고든, 마르쿠스 형, 조 쿠리엔, 에인절 벨라드, 마르쿠스 베일리, 데이비드 쉐퍼, 라이언 타카수기, 이사야 피카리, 매트 쉬라키, 알 코티스, 케빈 린, 브랜든 밀러, 펠리프 안구이아노, 켄트 맥코믹, 모두에게 감사하다.

책의 제목을 바꾸는 바람에 표지를 두 번이나 디자인해야 했던 짐 엘리스톤에게 감사를 드린다. 미디어와 디지털 마케팅 자원 봉사자들에게도 감사를 전한다. 이 프로젝트를 돕느라 많은 시간을 희생해 주었다. 어떤 누구보다 많은 지지를 보내어 주고 파트너가 되어 준 데이비드 C 쿡 출판사에 감사를 드린다. 집필에 전념할 수 있도록 집무실의 모든 일을 잘 관리해 준 폴 챈에게 감사하다.

멋진 아내 리사에게 감사하다. 지난 몇 개월간 정신없이 바쁜 나를 참아 주고 한 번도 불평한 적 없는 그녀가 정말 고맙다. 또한 아빠가 집필을 하느라 함께해 주지 못해도 참아 준 엘리와 제크와 클레어와 실라에게도 고맙다는 말을 전한다.

1. 개척한 코너스톤 교회를 떠나다

아무도 살지 않는 섬에 달랑 성경 한 권만 들고 오도 가도 못하게 되었다고 생각해 보라. 기독교에 대한 경험이 전혀 없고 교회에 대해 아는 것이라곤 앞으로 혹시 성경을 읽고 생길 지식이 전부이다. 교회가 하는 역할이 무엇인지 가늠할 수 있겠는가? 진지하게 말이다. 2분 동안 눈을 감고 앞으로 알아가리라 생각하는 '교회'의 모습을 상상해 보라.

    이제 현재 출석 중인 교회와 관련한 경험을 생각해 보라. 이렇게 상상한 교회와 현재 경험하는 교회의 모습이 비슷한 편인가? 이런 교회의 모습을 받아들일 수 있는가?

몇 가지 배경

캘리포니아 시미 밸리에 위치한 코너스톤 교회를 떠난 지 8년이 흘렀지만 사람들은 지금도 같은 질문을 한다. 왜 교회를 떠났냐는 것이다.

한창 부흥하고 있는 교회를 왜 떠났습니까? 사랑하는 그 사람들을 모두 두고 떠난 이유가 무엇입니까?

당신의 영향력이 하루가 다르게 커가고 있는데 왜 고국을 떠났습니까? 신념에 변화가 있었습니까? 여전히 그 교회를 사랑합니까?

대형 예배당을 건축하고, 대학을 설립하고, 베스트셀러 책을 쓰고, 엄청난 팟캐스트 팔로워들을 거느리고 있었는데 당신은 갑자기 그 모든 것을 뒤로하고 가족과 함께 아시아로 이사를 했습니다. 정말 이해가 되지 않네요!

나는 당장 최근에 하나님께서 내게 가르쳐 주고 계시는 교훈들을 함께 나누고 싶다. 하지만 지금은 하나님이 과거에 어떻게 나를 인도해 주셨는지 나누는 것이 더 유익하리라 생각한다. 모든 혼란을 깔끔히 털어내고 내가 이 책을 쓰는 이유에 대해 몇 가지 깨달은 교훈을 함께 나누고 싶다.

먼저 시미 밸리에서 보냈던 시간들이 너무나 좋았음을 이야기하고 싶다. 이 글을 쓰면서 그 시절을 생각하니 저절로 입가에 미소가 지어진다. 코너스톤의 사역자로 16년을 넘게 보냈기 때문에 내 마음속에는 즐겁고 의미 있는 추억들로 가득하다. 그리운 수많은 얼굴들이 떠오르고 속 깊은 우정을 나누었던 이들도 생각이 난다. 신령한 체험을 했던 순간들, 하나님이 하시는 일에 대해 경이로움을 느꼈던 시간들도 기억이 난다. 그 십수 년간 예수님과 사랑에 빠졌던 많은 사람들과 언젠가는 영원히 함께할 날이 올 것이다. 그 어떤 것도 이런 소중한 기억들을 빼앗아가지 못할 것이다.

그 교회를 떠난 이유

1994년 스물여섯 살 때 나는 교회를 개척하기로 결심했다. 처음부터 교회를 개척할 뜻은 없었다. 당시는 무엇보다 결혼한 지 1개월이 채 지나지 않은 때였다. 리사와 나는 그때 다니던 교회에서 매우 어려운 시간을 보내고 있었다. 장로님들과 담임 목사님이 서로 불화를 겪고 있었고, 갈등의 골이 깊어진 끝에 결국 목사님이 강제로 사임을 하기에 이르렀다. 교인들 역시 장로님들과 목사님 중 누가 더 책임이 큰지를 두고 서로 대립하며 다투었다. 이런 불화와 분열로 모두 낙심하고 있었다. 주일이 되면 영적으로 재충전되기는 고사하고 이런 일로 어떻게 하나님을 기쁘시게 해드릴 수 있을지 혼란스럽기만 했다. 갓 결혼한 아내에게 누가 들어도 황당한 제안을 한 때가 바로 이 시기였다. 우리 집에서 교회를 시작하면 어떻겠느냐는 것이었다.

우리 거실에 열두 명만 모이더라도 혼란스러운 교회 상황에서 이렇게 괴로워하는 것보다는 낫지 않겠느냐고 말했다. 리사는 그 말에 동의했고 그렇게 해서 시미 밸리의 코너스톤 교회가 시작되었다.

나는 지금과는 차원이 다른 신앙적 경험을 할 수 있도록 하겠다고 결심했다. 정확히 내가 동경했던 교회를 세울 절호의 기회였다. 나는 기본적으로 세 가지 목표를 갖고 있었다. 첫째, 모두 한마음으로 하나님께 직접 찬양을 드리고 싶었다. 정말 말 그대로 찬양을 드리자는 것이다. 그동안 해오던 대로 답습하거나 죄책감으로 마지못해 찬양하는 흉내만 내는 수준을 말하는 것이 아니었다. 하나님께 실제로 직접 찬양을 드리는 사람들의 모임에 참여해 본 적이 있는가? 뜨거운 마음으로 경외심을 가지고 찬양해 본 적이 있는가? 하나님이 실제로 우리 목소리를 듣고 계신 것처럼 노래해 본 적이 있는가? 이것은 정말 놀라운 경험이며 나는 이런 경험이 우리가 새로 만들 교회의 일상이 되기를 원했다.

둘째, 모두가 하나님의 말씀을 듣기를 원했다. 우리는 일종의 자기 개발을 강조하는 헛소리를 들으려 함께 모이지 않을 것이고 성경의 절반을 무시하지도 않을 것이다. 나는 우리가 성경을 건성으로 보지 않고 심층적으로 연구하기를 원했다. 심지어 우리 논리나 기대를 거스르는 말씀이라도 무시하지 않고 공부하기를 원했다. 하나님의 진리가 강력하게 사람들에게 제시되기를 원했고 우리가 그 진리를 진심으로 받아들이기를 원했다. 그래서 매주 성경을 한절 한절 꼼꼼하게 설교하기 시작했다. 우리는 하나님께서 말씀으로 주시는 모든 교훈을 진심으로 귀 기울여 듣기 시작했다.

마지막으로 모든 성도가 한 사람도 빠짐없이 성결한 삶을 살기를 원했다. 실제로 성경이 주시는 말씀을 실천하는 일에 조금도 관심이 없어 보이는 교회들이 너무나 많았고, 이런 교회에 너무나 많은 그리스도인이 몰려가는 것을 보았다. 이런 비극적인 현실을 방치할 수 없었다. 이 사람들은 "너희는 말씀을 행하는 자가 되고 듣기만 하여 자신을 속이는 자가 되지 말라"(약 1:22)고 요구하는 성경의 말씀을 들으려고 매주 교회를 찾지만 실상 아무것도 하지 않는 것 같았다. 내가 완전한 사람이라고 생각했거나 다른 사람들에게 완전함을 기대한 것도 아니었다. 다만 우리 교회가 서로 말씀을 실천하도록 독려하는 무리가 되기를 원했다. 변화를 기대하지 않고 성경 말씀을 가르치는 것은 어불성설이었다. 그래서 우리는 처음부터 말씀에 순종하도록 서로에게 도전했다.

기본적으로 우리가 원한 교회가 바로 이런 교회였다. 교회에 대한 이런 세 가지 목표를 이룰 수 있다면 더없이 기쁠 것이다.

하나님이 이런 초창기 시절에 어떻게 역사하셨는지 충분히 전달되었으면 좋겠다. 어쨌든 일은 시작되었다! 제대로 갖추진 것은 아무것도 없었지만 사람들의 기대감은 대단했다. 방문객들은 우리의 예배에 크게 고무되었고 우리는 하루가 다르게 성장을 거듭했다. 우리는 지역의 한 중학교 식당을 빌렸다. 결국 척이 치즈(Chuck E. Cheese's) 바로 옆에 있는 이전의 술집을 개조한 곳으로 이사를 갔다. 이곳에서도 몰려드는 사람들을 더 이상 수용하기 어려워지자 결국 건물을 매입해야 했다. 얼마 지나지 않아 그 건물마저 대대적인 확장 공사를 했다. 하나님은 사람들의 마음을 움직여 주셨고 찬양하고 하나님의 말씀을 듣고자 모인 사람들의 수도 계속 늘어나고 있었다. 우리는 추가 예배를 드릴 수밖에 없었다. 토요일 저녁 예배를 두 번으로 나누어 드리고 주일 오전 예배를 3부로 나누어 드려야 하는 상황이 되자 우리는 인근 마을에 지교회들을 개척해야 한다는 필요성에 공감하게 되었다. 이런 놀라운 성장세가 마치 꿈만 같았다. 우리가 운영하는 팟캐스트는 전 세계에서 매일 구독자가 늘고 있었고 우리는 찬양으로 하나님께 우리 마음을 쏟아부었다. 많은 사람들이 죄를 회개하는 역사가 일어났다.

예배 시간은 활기 넘치고 뜨거웠다. 사람들에게 그들이 낸 헌금으로 제3세계의 어려운 사람들을 어떻게 도와주고 있는지 구체적 내용을 보고하면 응원의 박수를 보냈다. 많은 부부들이 가정 위탁 제도를 이용해 아이들을 입양하기 시작했다. 출석률과 헌금액은 수년 동안 꾸준히 늘어났다. 주말마다 세례식이 거행되었다. 많은 사람들에게 삶의 변화가 일어나고 있었다. 이 교회처럼 다니면서 행복하다는 생각이 들었던 교회는 없었다. 하지만 시간이 흐르면서 여전히 무엇인가 놓치고 있다는 허전함을 떨쳐낼 수가 없었다. 교인들이 문제를 일으켰다거나 하나님이 지도자로서 잘 섬기도록 붙여 주신 동료들에게 문제가 있었던 것이 아니었다. 우리는 교회의 DNA로 설정한 목표를 성공적으로 유지하며 꾸준히 실행하고 있었다. 하지만 무엇인가 빠져 있었다.

어느 시점에선가 교회 장로 중 일부는 성공에 대한 우리의 생각이 부적절한 것은 아닌지 의문을 품기 시작했다. 이 교회가 정말 하나님이 의도하신 교회의 본질에 부합하는가? 처음 하나님이 교회를 만드실 때 작정하신 모습이 이 교회에 있는가? 우리는 교회에 대한 우리의 정의가 하나님의 교회에 대한 정의와 실제로 일치하는지 의문을 품기 시작했다. 코너스톤의 장로들은 나와 함께 성경을 열심히 찾아보았고 교회에 대해 예수님이 원하시는 본질에 비추어 나의 생각을 점검하였다. 이 하나님의 사람들은 나를 격려하고 이 시기를 잘 헤쳐 나가도록 독려해 주었다. 그들과 함께 섬기는 것은 정말 내게 기쁜 일이었다.

우리가 의문을 가진 중요한 한 가지는 서로에 대해 우리가 가진 사랑의 수준이었다. 코너스톤 교회는 대부분의 기준에 비추어 보면 충실하게 사랑을 실천하는 편이었다. 하지만 신약의 초대 교회의 사례들과 비교하면 평가는 완전히 달라졌다. 예수님은 우리가 서로 사랑하면 세상이 우리를 그분의 제자인 줄 알 것이라고 말씀하셨다(요 13:35). 장로들은 불신자들이 우리 예배에 참석했을 때 서로를 사랑하는 우리의 방식에서 어떤 초자연적인 것도 확인하지 못할 것이라는 고통스러운 결론에 도달했다.

우리가 심각하게 받아들인 또 다른 문제는 어쩌다가 매사에 한 개인에게 과도하게 의존하게 되었는지의 문제였다. 새로운 시설을 짓고 그와 관련된 비용에 대해 논의할 때도 장로들은 내가 교회를 사임할 경우 교회의 운명이 어떻게 될지 서로 설왕설래했다. 너무나 많은 다른 교회들처럼 코너스톤 교회 역시 텅 빈 거대한 건물만 떠안게 되지는 않겠는가? 역시 이는 심각한 문제였다! 돈 낭비여서가 아니라 어떤 교회도 한 사람에게 그렇게 의존해서는 안 되기 때문이었다. 사람들은 프랜시스 챈의 설교를 듣기 위해서가 아니라 전능하신 하나님을 만나고 성령의 역사를 체험하기 위해 코너스톤 교회를 찾아야 했다.

교회에서 나의 리더십의 영향이 너무 일방적이었기 때문에 마땅히 지도자로서 역량을 발휘해야 하는 사람들이 위축되어 있는 현실이 나의 눈에 들어오기 시작했다. 나는 일부 사역자들과 장로들에게 새로운 사역을 하도록 재량권을 주기 시작했고 그들은 그 사역의 기회를 놓치지 않고 놀라울 정도로 성장했다.

성경은 그리스도의 몸의 모든 지체는 교회가 기능하는 데 꼭 필요한 은사를 지니고 있다고 말한다. 하지만 코너스톤 교회의 상황을 살펴보았을 때 나를 위시한 소수의 사람들만이 은사를 활용하고, 수천 명의 사람들은 그냥 와서 한 시간 반 동안 교회에 앉아 있다가 집으로 돌아가는 것이 전부였다. 우리가 교회를 운영하는 방식이 사람들의 성장을 방해하고 있었고 이로 인해 전체 교회는 더 약해져 갔다.

그동안 소홀히 한 성경의 명령들을 심도 깊게 살펴보면서 우리는 낮아지고 겸손해졌다. 우리는 교회에 변화의 바람을 불어넣기로 결심했다. 당시에 나는 그것이 얼마나 어려운 일인지 모르고 있었다. 나는 우리가 처한 상황에 좌절감을 느꼈지만 교회가 마땅히 나아가야 할 방향에 대해 타협하고 싶은 마음은 추호도 없었다. 변화가 필요하다고 확신했다. 하지만 어떻게 해야 변화가 일어날 수 있는지 알 수 없었다. 내가 전하는 메시지들은 깊은 사랑을 소유한 현명한 목자가 양 떼를 더 푸른 초장으로 인도하는 소리라기보다 화가 난 노인의 분풀이성 잔소리처럼 들렸을지도 모른다.

우리는 많은 변화를 시도했다. 부사역자들이 더 중요한 책임을 맡도록 나의 설교 횟수를 줄인 적도 있었다. 하지만 여전히 나의 영향력 아래 있으면서 그들이 리더로서 주체적인 사역을 하기가 쉽지 않음을 알게 되었다. 교인들이 그들의 집에서 작은 교회를 시작하도록 유도하기도 했지만 사람들은 어린이 돌봄 사역의 혜택과 큰 규모의 예배와 설교의 장점에 익숙해져 있었다. 결국 그들은 그런 노력을 포기하고 말았다. 나는 시미 밸리의 주요 예배에 불참하고 LA 카운티에서 몇몇 가정 모임이 시작되도록 돕는 데 집중했던 적도 있었다. 어느 정도 모임이 활성화되기 시작했다. 그런데 시미 밸리에서 나를 다시 필요로 했다. 어려운 시기였다. 내가 계속되는 온갖 시행착오를 견딜 수 있었던 것은 순전히 교회 덕분이었다. 결국 사람들은 지치고 좌절하기 시작했고 소규모의 탈출이 시작되었다.

규정의 변화

교회의 한 젊은이가 이런 상황을 정확히 지적했다. 그는 갑자기 규정을 바꾸도록 강요당하는 듯한 느낌이 들었다고 말했다. 수년 동안 구원은 값없이 받는 선물이며 복음으로 예수님과 인격적인 관계를 누릴 수 있게 되었다고 배웠다. 마치 누군가가 스케이트화 한 켤레를 선물로 준 것 같았다. 설렌 마음으로 그는 스케이트장으로 가서 온갖 종류의 기술을 익혔다. 그는 이런 상황을 즐겼고 오랫동안 그것을 누렸다. 그런데 이제 갑자기 스케이트화를 받은 이유가 하키팀의 일원으로서 우승을 목표로 열심히 싸워야 하기 때문이었다는 말을 듣게 되었다. 혼자서 회전 연습을 하고 있어서는 안 된다는 것이다. 갑작스럽고 엄청난 차이였다! 성경적으로 일리 있는 측면도 있었지만 그의 생각과 생활 방식을 재수정하기까지는 시간이 걸릴 것이다.

지금 돌이켜 생각해 보면 내가 그다지 좋은 지도자는 아니었다는 사실을 깨닫는다. 변화를 갈망했지만 그 갈망을 뒷받침할 계획을 세우지 못했고, 사람들이 그런 중대한 패러다임의 변화를 받아들이고 생각을 정리하도록 인내심을 갖고 돕지도 못했다. 결국 그 일로 나는 사랑하는 사람들에게 좌절감을 안기고 말았다. 코너스톤을 떠날 때 나는 이 교회에서 나의 쓰임새가 다 했고 내가 떠나야 교회가 더 나은 미래를 향해 나아갈 수 있다고 확신했다.

물론 다른 요인들도 많이 있었다. 사람들이 왜 그 교회를 떠났느냐고 질문하면 딱 한 가지 이유만 꼬집어 이야기할 수가 없다. 강사와 작가로서 대중적 인기가 커질수록 나는 마음의 평안과 겸손함을 잃어가고 있었다.

당시 소셜 미디어가 막 등장했고 덕분에 이제 전혀 모르는 낯선 이들에게서 칭찬을 듣기도 하고 난데 없이 쏟아지는 비난에 당혹스러워하기도 했다. 그토록 많은 비난과 일방적인 칭찬을 어떻게 받아들여야 할지 혼란스러웠다. 그 모든 것에서 도망가고 싶었다. 또한 확고한 믿음의 증언을 듣지 못한 곳들이 지상에 적지 않다는 사실을 알았을 때 성경을 제대로 가르치는 교회가 대체 얼마나 될지 고민하게 되었다. 현재 수준의 삶을 유지하는 정도는 큰 믿음이 필요치 않는 것처럼 보였다. 또한 코너스톤을 앞으로 어떻게 목회해야 할지에 대해서도 나 스스로 매우 불확실했다. 더없이 혼란스러운 시기였다.

코너스톤을 떠나는 일이 당연히 쉬운 결정은 아니었다. 교회를 사임하는 것이 최선의 선택인지를 두고 갈등하고 있던 어느 날 초청을 받고 설교를 하러 가게 되었다. 리사가 나와 동행했는데 그곳으로 가는 길에 아내와 나눈 대화에 나는 큰 충격을 받았다. 시미 밸리에 남을 것인지에 대한 고민은 그때까지 철저히 나만의 생각이었다. 교회를 떠나는 문제에 대해 아내와 한 번도 상의해 본 적이 없었다. 코너스톤은 해산의 고통을 감당하며 낳은 우리의 아기였고 시미 밸리는 우리의 고향이었다. 그러나 마침내 남은 인생을 앞으로 어떻게 보낼 것인지 아내에게 물어보았을 때 나는 그녀의 대답을 듣고 깜짝 놀랐다. 시미 밸리에서 우리가 할 일은 다 끝난 것 같고 이제 떠날 때라는 생각이 든다고 말한 것이다. 심지어 다른 나라로 가는 것이 좋겠다고 제안했다. 정확히 내가 고민하던 내용과 같았다.

15분 후에 친구이자 코너스톤의 교인인 제프에게서 전화 한 통을 받았다. 그는 하나님이 나에게 무엇인가 말씀하기를 원하시는 것 같아 전화를 했다고 말했다. "그냥 가세요. 교회에 대해서는 걱정하지 마세요. 떠나셔도 교회를 돌보고 섬길 사람들은 있어요." 도무지 믿어지지 않는 일이었다. 리사와 내가 막 나눈 대화를 그가 알 턱이 없었다. 마음속으로만 고민하고 있었을 뿐 그 고민을 누구에게도 털어놓은 적이 없었다.

그 후에는 모든 상황이 순조롭게 풀리기 시작했다. 나는 교회를 떠나기로 결정하면서 점점 마음의 평안을 느꼈다. 리사와 나는 떠나지 않으면 하나님께 불순종하는 것이라는 결론에 도달하게 되었다. 우리는 시미 밸리의 집을 팔아 당시 여섯 명이던 가족을 데리고 인도와 태국으로 갔고 마지막으로 중국으로 가게 되었다. 우리 가족은 어느 때보다 서로 깊은 사랑을 확인할 수 있었고 그 시간은 우리가 감당해야 할 소명을 다시 확인하는 데 도움이 된 놀라운 모험의 시간이었다. 인도의 목회자들에게서는 두려움 없는 헌신과 담대함을 보았다. 그들은 주님을 위해 모든 것을 포기했다. 시골 분위기가 물씬 풍기는 태국에서는 단순하고 검소한 삶의 방식을 목격했고 매일 고아와 과부들을 진심으로 섬기는 사람들이 누리는 기쁨을 확인했다. 중국에서는 사람들이 박해를 견디고 심지어 기뻐하면서 복음이 들불처럼 번져가는 것을 눈으로 볼 수 있었다.

이렇게 여행을 하는 내내 리사와 나는 하나님이 우리를 어디서 살게 하실지 알게 해달라고 아이들과 함께 기도하고 있었다. 우리는 결국 홍콩에 장기 체류를 하게 되었고 아이들이 다닐 학교뿐 아니라 거주할 집에 대한 구체적인 고민을 하기 시작했다. 그러다가 하루는 주님이 내게 직접 말씀하시는 것 같은 생생한 체험을 하게 되었다.

내가 이런 체험을 했다는 말을 절대 쉽게 하는 것이 아님을 이해해 달라. 나는 지극히 보수적인 배경에서 자랐다. 지금도 오직 성경에 기록되어 있다고 생각하는 내용만을 신뢰한다. 하나님의 음성을 직접 들을 가능성이 있음을 신학적으로 완전히 부정하지는 않았지만 그 전에 그렇게 하나님의 음성을 들었던 적이 있었는지는 지금도 잘 모른다. 또한 주님의 음성을 직접 들은 것이 분명한지도 확신이 서지 않는다. 하지만 내가 들었다고 생각하는 말씀을 무시할 때보다 순종할 때 더 마음에 큰 평안을 느꼈고 이것은 틀림없는 사실이다. 그날 주님은 다시 미국으로 돌아가 교회를 개척하라고 말씀하시는 것 같았고 지금도 그 믿음은 변함이 없다. 나는 해외에 나와서 교회가 어떤 놀라운 일을 할 수 있는지 그리고 얼마나 큰 능력을 발휘할 수 있는지 눈으로 보게 되었고 하나님이 그 비전을 받아들이기를 원하시는 것 같다는 생각이 들었다. 하나님이 내게 무슨 말을 하려 하시는지 생각하자 두려움이 몰려왔다. 하나님은 마치 감당할 만한 지성이나 리더로서 자질을 발휘하기도 어려운 어떤 일을 내게 요구하고 계신다는 생각이 들었다.

리사와 아이들에게 하나님이 다시 미국으로 돌아가기를 원하신다는 생각이 든다고 말했던 날은 참으로 슬펐다. 해외에서 가족과 함께하는 생활은 너무나 행복하고 즐거웠다. 가족으로서 그 어느 때보다 깊은 친밀감을 누렸고 하나님을 더 깊이 의지했으며 영원의 문제에 대한 더욱 확실한 믿음이 있었다. 미국을 떠날 때는 두려움이 앞섰지만 이제 되돌아간다고 생각하니 더 큰 두려움이 밀려왔다. 우리는 중심을 잃고 다시 흔들리고 싶지 않았다.

집으로 가는 길

자세한 이야기를 다 할 수는 없지만 우리는 결국 샌프란시스코에서 여장을 풀었다. 샌프란시스코로 간 것은 동생에게 우리가 머물 수 있는 침실 하나짜리 아파트가 있어서였다. 구체적으로 무엇을 어떻게 할 것인지에 대한 계획은 없었다. 다만 방법을 아는 만큼 성경적으로 살아 보고 싶었다. 나는 기도를 드리며 주님께 그리스도처럼 살고 싶다고 말씀드렸고 예수님은 정확히 누구를 제자로 부르실지 알고 계시는 것 같았다. 나는 동일한 은혜를 구했다. 무작정 도시를 다니며 복음을 전했고 제자로 삼을 사람들을 만날 수 있게 해달라고 기도했다.

첫해에는 몇 명의 친구를 사귀었다. 우리는 샌프란시스코의 텐더로인 지구의 빈민들을 대상으로 사역을 시작했다. 집이 없는 사람들에게 음식을 나누어 주고 저소득자용 주택가를 집집마다 찾아다니며 만나는 사람들을 위해 기도했다. 때로 두려움을 느꼈지만 미국에서 내가 믿음으로 살고 있다는 사실이 좋았다. 불편한 상황에 처한 적도 많았지만 옳은 일을 한다고 느꼈다. 우리는 하나님이 너무나 다양하고 놀라운 방법으로 기도에 응답하시는 것을 보았다. 물론 그 모든 노력이 진정한 회심으로 이어지지 않는 경우도 적지 않았다.

초창기에 하루는 대민 활동을 마치고 아이들에게 소감이 어떤지 물었던 기억이 난다. 맏딸인 레이첼은 불쑥 "성경에서 막 뛰쳐나간 듯한 느낌이었어요"라고 대답했다. 딸이 무슨 말을 하는지 정확히 알 수 있었다. 우리는 미국에서 신약의 초대 그리스도인들이 경험한 것과 거의 같은 일을 경험하고 있었다. 믿음이 필요한 모험을 하며 살아있다고 느꼈고 그것은 여기 우리 집 뒷마당에서도 마찬가지였다.

매일의 대민활동이 그럭저럭 잘 진행되고 우리는 믿음으로 사는 삶을 즐겁게 감당하고 있었지만 아직 교회를 개척하지는 못했다. 우리 사역이 확고한 리더십을 기반으로 하지 않기 때문에 약점이 있음을 알았다. 그러나 이 길이 나의 소명이라고 확신한 우리는 새로 사귄 친구 몇 명과 함께 우리 집에 모여 교회를 시작했다. 거실에서 코너스톤을 시작하고 20년이 지난 후 우리는 다시 교회를 시작하게 되었다. 멋진 나의 아내와 몇 명의 친구들은 거실에 둘러앉아 우리를 통해 그분의 교회를 지어 달라고 하나님께 기도했다.

위 아 처치(We Are Church)를 시작한 지 이제 5년이 흘렀고 이번에는 상황이 많이 다르다. 리사와 나는 성경을 더욱 깊이 이해하게 되었고 교회를 향한 하나님의 계획을 더 확실히 알게 되었다. 하나님은 초창기에 내가 저지른 몇 가지 기본적인 실수를 깨닫게 해주시고 나아가 코너스톤 시절의 훌륭한 결실들을 보여 주시는 은혜를 베푸셨다. 바라건대 내가 빠진 함정에 다른 사람들이 빠지지 않도록 도와줄 수 있기를 바란다.

이 글을 쓰고 있는 지금 나는 내 인생에서 그 어느 때보다 행복하고 평화로운 시기를 보내고 있다. 형편이 나아져서가 아니다. 실제로 그렇지는 않다. 지금 누리는 평화는 그 어느 때보다 하나님을 더 깊이 알게 된 데에서 온 것이다. 오랫동안 하나님을 사랑했다고 믿지만 지금 체감하기로는 이전과는 완전히 다른 것 같다. 최근에 나는 하나님을 알고 체험하는 일에 푹 빠져 있다. 내 인생의 이 시점에 가장 신기하게 느끼는 부분이 있다면 하나님과 친밀함을 누리는 경험이 교회와 나의 관계에 직접적인 영향을 미친다는 것이다. 사람들과 떨어져 홀로 기도의 골방에 있을 때 하나님과 가장 깊은 친밀감을 누렸다고 오랫동안 믿었기 때문에 이런 경험은 참 이상하고 낯설게 다가온다. 난생 처음으로 교회 가족들과 함께 기도하고 있을 때 실제로 하나님과 더 가까이 있다는 생각을 하게 된다. 함께 기도하는 기도실에서 우리와 함께하시는 하나님의 실제적인 임재를 더욱 확실하게 체감하는 것 같다. 가능한 한 예수님과 더 가까이하고 싶은 간절한 마음 때문에 그들과 한 방에 언제까지나 함께 있고 싶다는 생각이 들 정도이다. 일전에만 해도 한 시간의 성경 공부 모임을 끝내고 누구랄 것도 없이 우리는 기도를 하기 시작했고 무려 13시간이나 계속해서 기도를 하게 되었다. 하나님의 임재를 함께 누리는 기쁨이 너무나 커서 그 누구도 그곳을 떠나려 하지 않았다.

  어느 날 주님은 또다시 이 지구상의 또 다른 곳으로 가도록 나를 부르실지 모른다. 하지만 지금 당장은 그렇게 하지 않으시기를 이기적인 마음으로 희망해 본다. 지금의 이 가족들과 이별하고 싶지 않다. 주님께 더 가까이 나아가도록 해주는 그들을 사랑한다. 이처럼 확실한 안전감을 느낀 적이 없었고 외로움에서 자유로웠던 적도 없었다.

심각한 문제들

미국의 그리스도인들을 대상으로 강연할 때 종종 서글픈 마음이 든다. 나처럼 이렇게 서로에게 깊은 유대감을 표현하는 이들을 좀처럼 찾기 어렵다. 오히려 교회에 대해 불평하는 이들의 하소연을 듣는 경우가 더 많다. 강연을 듣는 사람들 중에는 완전히 교회를 등진 이들도 적지 않았다. 여간 심각한 문제가 아니다. 이런 심각한 문제를 가볍게 여기는 일이 없었으면 한다. 그리스도인이라면 이런 교회의 현실을 생각할 때 마음에 큰 상심이 생길 수밖에 없다. 교회는 실제로 많은 문제가 있지만 예수님은 여전히 교회를 그분의 몸이자 신부라고 부르신다. 우리는 그분의 신부를 사랑해야 하며 불만을 품고 비난하거나 불평하며 떠나서는 안 된다.

교회를 저버린 사람들 중에는 실제로 교만해서 하나님을 부정하는 이들도 있다. 하지만 단순히 혼란스러워서 교회를 등진 사람들도 있다고 생각한다. 예수님을 사랑하지만 성경에서 읽은 말씀과 교회에서 그들이 경험한 현실의 괴리를 이해하는 데 어려움을 느낀다. 그들의 행동이 정당하다는 말이 아니다. 하나님은 무엇보다 성도들과 함께 모이기를 힘쓰며 서로 신앙을 실천하도록 독려하라고 명령하셨다(히 10:24-25). 다만 그들의 그런 우려가 성경적으로 근거가 있으므로 다루어야 한다는 말을 하는 것이다. 이 책을 쓰는 이 순간에도 교회를 떠나 방황하는 이들이 돌아오도록 기도한다. 성경은 그들이 꼭 필요한 소중한 존재들이며 그들이 없이는 그리스도의 몸이 완벽하게 기능할 수 없다고 말한다.

이 책은 그동안 쓴 책 중에 가장 어려운 책이라고 해도 무방하다. 나는 이 책을 쓰면서 데살로니가전서 5장 14절을 계속 기억하고 되새기려고 노력했다. 패역한 자들을 책망하고 마음이 약한 자들을 격려하라고 하신 말씀이다. 제대로 책망하고 격려하기 위해서는 성도들에게 필요한 것이 무엇인지 확실하게 잘 알고 있어야 한다. 일반 대중을 대상으로 하는 책의 어려움은 따뜻한 포옹이 필요한 누군가가 거부감을 느끼게 되거나, 엄중한 책망이 필요한 누군가가 위로를 받을 수 있다는 점이다. 예수님을 사랑하는 이들 중에 낙심에 빠져 힘들어하는 이들이 있다면 이 책을 통해 필요한 소망을 얻기를 기도한다. 알게 모르게 교회에 해악을 끼치고 있는 이들이 있다면 이 책을 통해 회개하도록 하나님께서 은혜를 베풀어 주시기를 기도한다. 최근에 예수님이 요한계시록 2장과 3장에서 일곱 교회에 각기 한 통씩 일곱 편지를 쓰셨다는 생각이 떠올랐다. 나는 단 한 권의 책으로 수천 곳의 교회들을 대상으로 글을 쓰고 있다. 예수님은 나보다 더 글을 잘 쓰시는 분인 것 같다.

이 책의 탈고를 끝내고 나서 이 책이 책이라기보다는 서로 연관성이 있지만 개별적인 편지 묶음에 더 가깝게 읽힌다는 것을 알게 되었다. 각 장(혹은 각 편지)은 교회가 고민해야 할 필요성이 있는 각기 다른 주제를 다루고 있다. 나는 독자들과 그들의 교회가 어떤 편지를 더 집중해서 보아야 할지 성령께서 분별하게 해주시도록 기도했다. 이 책은 레위기에서 본 모호하지만 세세한 규정이 아니라 전체 성경에서 반복해서 강조하는 가장 분명한 명령들을 위주로 다루었다. 자기 백성들의 불순종으로 하나님이 매우 괴로워하시던 때를 집중해서 살펴보려고 노력했다. 교회의 변화를 바라는 사람들이 많지만 성경적인 확신이 아니라 개인적인 선호가 동기로 작용할 때가 적지 않다. 나는 하나님이 그분의 신부에게 바라시는 것에 대해 가장 확실한 성경적 진실만을 강조하고자 노력하였다. 우리 중 누구도 무시할 수 없는 진실에만 집중하고자 노력했다.

하나님께서 우리 예배를 싫어하실 때가 있다. 문을 닫아 버리기를 바라시는 교회들도 있다. 우리는 종종 예배를 드리러 교회에 나오기만 하면 하나님이 무조건 기뻐하실 것이라고 착각할 때가 너무나 많다. 그러나 성경은 다른 이야기를 들려준다(암 5:21-24; 사 58:1-5; 말 1:6-14; 고전 11:17-30; 계 2:5; 3:15-16).

시간이 시작된 이후로 하나님이 열납하신 예배도 있었고 거부하시는 예배도 있었다. 오늘날 기독교 교회의 상태를 살펴보면 하나님이 기뻐하시지 않는 교회들이 미국에 적지 않다는 결론을 내리지 않을 수 없다.

결코 가볍게 이런 말을 하는 것이 아니다. 단순히 일시적인 감정으로 말하는 것이 아니라 성경에서 읽은 말씀을 근거로 이런 말을 하고 있는 것이다. 부디 바라건대 성경책을 펴고 이 책을 읽으며 내가 성경 말씀을 왜곡하고 있지는 않은지, 혹은 단순히 명백한 진리를 이야기하는지 꼼꼼히 점검해 주기를 바란다. 이 책은 누군가를 비난하거나 논쟁을 유도하기 위한 것이 아니다. 우리는 모두 같은 팀에 소속돼 있으며 모두가 하나님이 가장 기뻐하시는 교회를 만들어가고자 애쓰고 있다고 생각하고 싶다.

겸손함에 대한 권고

오늘날 사람들은 싸우고 싶어 안달이 난 것 같다. 많은 사람이 신경이 곤두서 있고 누군가 한마디라도 말실수를 하면 반격할 채비가 되어 있다. 주님이 우리에게 하나 됨을 힘써 지키라고 명하신 때는 바로 이런 환경 속에서이다(엡 4:3). 나는 우리가 주 안에서 모두 하나라는 마음으로 이 글을 쓰려고 하고 있다. 내가 쓴 글 중에 일부는 비판적인 내용이 있을지 모르지만 하나 됨을 지키고 모두를 품고자 하는 마음을 잃지 않으려고 진심으로 노력하였다. 심각하게 우려하는 최악의 일을 한 가지 꼽는다면, 교회에 분노한 사람들이 이 책의 내용을 인용해 현재 소속된 교회의 리더들을 노골적으로 공격하는 데 쓰지 않을까 하는 것이다. 이미 교회는 충분히 분열되어 있고 오만의 수위는 위험할 정도이다. 나는 우리의 신념을 지키면서도 서로에게 관용과 긍휼함을 베풀 방법이 있다고 믿는다.

교회 리더가 아닌 사람들에게는 지금이 리더로서 섬기기가 너무나 어려운 때라는 것을 기억하라고 당부하고 싶다. 30년이 넘도록 리더로 섬겨왔지만 지금처럼 어려운 적은 여태껏 없었다.

소셜 미디어는 누구나 자기 목소리를 낼 수단을 개인들에게 안겨 주었다. 그래서 모두가 목청을 높이고 한마디씩 거들어야 직성이 풀린다. 자기주장을 하는 이들은 넘쳐나는데 말씀대로 따르는 이들은 많지 않다. 자기주장이 확실할수록 박수갈채를 받는다. 겸손함은 구태로 받아들여진다. 리더들의 변화가 불필요하다는 말을 하는 것이 아니다. 단지 조금 더 너그러워지라는 것이다. 모든 선수가 코치보다 더 나은 계획이 있다는 이유로 따르기를 거부하는 팀에서 코치가 자기 몫의 리더십을 발휘하기가 얼마나 어려울지 생각해 보라. 21세기 미국 교회에 오신 것을 환영한다. 겸손의 미덕을 발휘해 보았으면 좋겠다.

우리는 젊은 다윗에게서 이런 신선한 사고방식을 엿볼 수 있다. 다윗이 사울을 죽일 기회가 있었음에도 살려 준 때를 기억하는가? 사무엘상 24장과 26장에서 다윗은 이미 정통성을 지닌 이스라엘의 왕으로 기름 부음을 받은 상태였다. 사울 왕은 이 시기에 권력욕에 굶주려 살기등등한 광인이 되어 있었다. 다윗은 사울을 권좌에서 쫓아내고 이미 약속으로 받은 왕좌를 차지할 절호의 기회가 두 번이나 있었지만 자신의 손으로 문제를 해결하려 하지 않았다. "내가 손을 들어 여호와의 기름 부음을 받은 내 주를 치는 것은 여호와께서 금하시는 것이니 그는 여호와의 기름 부음을 받은 자가 됨이니라"(삼상 24:6).

다윗의 이런 태도가 왜 이렇게 낯설게 보이는가? 사울은 하나님의 뜻을 저버린 끔찍한 지도자였지만 다윗은 하나님이 왕으로 세우신 자들을 해치는 것에 대한 거룩한 두려움이 있었다. 요즘 세태를 보면 지도자가 혹여 실수라도 하면 아무리 사소하거나 혹은 무고하다 해도 지체하지 않고 비난의 화살을 쏘아대고 무차별 공격을 가한다. 용서는 희귀한 현상이며 사역자들에 대해서는 거의 존재하지 않는 현상이다. 동원할 수 있는 가장 심한 표현을 사용해 지도자들을 비난한다. 권한을 남용하는 지도자들을 옹호하려 한다거나 모든 지도자는 하나님의 축복을 받은 자들이라는 말을 하려는 것이 아니다. 다만 그럴 자격이 없는 이들이라 해도 겸손하게 존중하며 대하자고 부탁하는 것이다. 은혜의 백성들이 되자.

문을 열기만 하라

하나님은 오늘날 미국에서 대다수의 사람들이 경험하는 교회가 아니라 이런 교회와는 비교할 수 없는 놀라운 수준의 교회를 계획하셨다. 이런 하나님의 계획을 믿고 변화를 갈망하는 사람들이 우리 중에 적지 않다. 좋은 소식은 하나님이 우리보다 이런 변화를 훨씬 더 원하신다는 것이다. 이런 변화를 단순히 원하시는 수준을 넘어서 이 변화를 명령하셨다. 우리는 하나님이 이 일을 감당할 힘을 주시지 않았다면 이런 명령도 하지 않으셨을 분임을 알고 확신 가운데 나아가야 한다.

> 무릇 내가 사랑하는 자를 책망하여 징계하노니
> 그러므로 네가 열심을 내라 회개하라 볼지어다
> 내가 문 밖에 서서 두드리노니 누구든지
> 내 음성을 듣고 문을 열면 내가 그에게로 들어가
> 그와 더불어 먹고 그는 나와 더불어 먹으리라

> 이기는 그에게는 내가 내 보좌에 함께 앉게 하여 주기를
> 내가 이기고 아버지 보좌에 함께 앉은 것과 같이 하리라
>
> (계 3:19-21)

뜨겁지도 않고 차지도 않다고 라오디게아 교회를 심하게 책망하신 예수님은 문을 열라고 단순히 요청하셨다. 교회가 안고 있는 수많은 문제들로 마음에 짓눌림을 받고 있는가? 그렇다면 먼저 결코 우리가 감당할 수 없는 짐을 지도록 하나님이 요구하시지 않는다는 사실을 기억하라. 주님은 우리에게 그분과 교제하며 그분이 하시는 일에 함께 동참하라고 요청하고 계신다. 우리는 그분이 홍해에서 행하신 이적과 텅 빈 무덤을 기억하고 믿음과 기대감으로 충만해야 한다. 심호흡을 하라. 모든 스트레스를 그분의 발아래 내려놓으라. 지금 목격하는 교회 모습과 성경에서 읽은 교회 모습의 차이에서 느끼는 혼란을 주님께 아뢰라. 생활 속에서 주님의 능력을 경험하지 못해서 힘들고 불만족스러운 부분을 말씀드리라.

시간은 가고 있다

> 그런즉 너희가 어떻게 행할지를 자세히 주의하여
> 지혜 없는 자같이 하지 말고 오직 지혜 있는
> 자같이 하여 세월을 아끼라 때가 악하니라
> 그러므로 어리석은 자가 되지 말고

오직 주의 뜻이 무엇인가 이해하라

(엡 5:15-17)

최근에 나는 할아버지가 되었다. 할아버지가 되었다니 기분이 묘하다. 나이가 들수록 마지막이 가까워지고 있다는 것을 더욱 또렷이 자각하게 된다. 교회에 대한 나의 요구 사항 따위에 연연할 시간이 없다. 사람들이 교회에서 무엇을 구하고 있는지 염려할 시간이 없다. 곧 주님과 얼굴로 대면할 것이고 그러므로 그분이 원하시는 일에 내 모든 관심을 집중해야 한다. 집회에서 설교를 하거나 강의를 할 때면 대부분 강단에 서 있을 수 있는 시간이 얼마나 남았는지 알려 주는 카운트다운 시계가 있다. 때로 나는 그 시계가 내 인생의 남은 시간을 알려 주는 것 같다는 생각이 든다. 설정해 둔 시간이 끝나고 하나님과 얼굴과 얼굴로 대면할 순간을 상상해 본다. 이런 상상을 하면 주님이 원하신다고 생각되는 말씀을 가감 없이 전달할 용기가 생긴다. 정말 죽음이 눈앞에 있다면 사람들의 원망이나 불평 따위는 거의 신경을 쓰지 않을 것이다. 하나님의 얼굴을 뵈옵고 그분의 인정을 받는 일에만 관심이 쏠릴 것이다.

지금 나는 바로 그런 생각을 하고 있다. 이 책을 다 쓰고 바로 숨을 거두게 된다는 것을 알고 있다면 무엇을 쓰겠는가? 부수적인 결과를 염려하지 않고 오직 하나님께 신실하고자 하는 일에만 힘쓴다면 이 책에 어떤 내용을 담겠는가? 나는 이런 시각에서 이 책을 쓰려고 노력했다.

2. 교회의 신비에 눈뜨라

언약궤가 떨어지지 않게 붙잡으려고 했다는 이유만으로 하나님이 웃사를 죽이신 내용을 처음 읽었을 때 나는 마음이 무척 심란했다. 언약궤를 실은 수레가 넘어지려 하자 웃사는 언약궤를 손으로 잡았다(삼하 6장). 선한 의도에서 저지른 사소한 실수에 지나지 않는 것 같았다. 분명히 하나님이 언약궤를 만지지 말라고 명하신 것은 사실이지만 그런 상황에서 웃사가 달리 어떻게 행동해야 한다는 말인가? 하나님의 거룩한 언약궤가 땅에 떨어지도록 두라는 말인가?

사울 왕이 제사를 집전했다는 이유로 왕권을 박탈하신 것도 이해하기 어려운 일 아닌가?(삼상 13장) 무엇보다 그는 제사를 드리기까지 7일을 기다렸지만 사제인 사무엘은 약속한 시간에 나타나지 않았다. 내가 보기에는 먼저 하나님의 도우심을 구하고 전쟁에 나가기를 원해서 사울이 제사를 드린 것은 칭찬할 만한 처사였다. 그런데 이제 그 잘못을 물어 왕권을 빼앗아야 한다는 말인가?

아니면 모세는 어떤가? 그는 반석을 향해 명령하지 않고 지팡이로 내리쳤다는 이유로 약속의 땅에 들어가지 못했다(민 20장). 그동안 숱한 어려움을 감당했던 모세가 백성들에게 좌절감을 느끼고 화가 나 반석을 친 것이 그렇게 큰 죄라는 말인가?

다음으로 아나니아와 삽비라가 있다. 그들은 교회에 헌금을 바치고 그 액수에 대해 거짓말을 했기 때문에 급사하고 말았다(행 5장). 그것도 신약 시대에 말이다! 사실 살면서 과장이나 거짓말을 한 번이라도 하지 않은 사람이 누가 있는가?

그 외에도 바울은 고린도 교인들에게 많은 사람들이 병들고 어떤 이들은 심지어 부적절하게 성찬을 즐김으로 죽기까지 했다고 말한다(고전 11:30). 바울이 과장한 것이 아니라면 우리 역시 죽음의 맛을 보게 되지 않을까?

우리가 보기에 성경에는 죄에 비해 지나치게 가혹한 처벌을 받는 상황들이 많이 등장한다. 그렇다면 우리가 그렇게 생각하는 이유는 무엇인가?

우리는 무엇인가 '신성하다'는 것이 정확히 무슨 의미인지 이해하지 못한다. 우리는 인간 중심적인 세상에서 스스로를 최상의 권위를 지닌 존재라고 생각하는 사람들과 함께 살고 있다. 인간으로서 특정한 권리를 누릴 자격이 있기 때문에 "이건 공평하지 않아"와 같은 표현을 쉽게 사용한다. 그러나 우리는 하나님으로서 하나님이 마땅히 받으셔야 하는 권리에 대해서는 별로 생각하지 않는다. 교회에서조차 우리는 하나님이 모든 것의 중심을 우리라고 생각하셔야 하는 것처럼 행동한다. 성경의 이야기들은 인간의 실존과 권리보다 훨씬 더 가치 있는 것이 존재함을 보여 주는 데 목적이 있다. 하나님께 속한 영역이 있다는 것이다. 신성한 세계가 있다는 것이다. 그분의 언약궤, 모세에게 주신 명령, 성전의 제사, 거룩한 성령, 거룩한 성례, 거룩한 교회가 그렇다. 지금 거론한 이 상황에서 사람들은 모두 신성한 무엇인가와 조우하고 그 대가를 치렀다. 우리는 이런 사태에 충격을 받기보다 겸손해져야 한다. 우리는 모두 위에서 언급한 것들보다 더 불손한 일들을 저지른 적이 있다. 그러므로 하나님의 자비에 감사하며 더 조심스럽게 신성한 세계에 접근해야 한다.

거룩한 세계와의 조우
우리는 사람들이 무분별하게 무엇인가를 향해 질주하는 세상에 살고 있다. 서두르지 않는다면 결국 남들에게 따라잡힐 것이고 결국 원하는 것을 손에 넣지 못할 것이다. 그래서 우리는 광적으로 세상의 방식을 추종하고 하나님이 우리에게 세상을 본받지 말라고 요구하고 계신다는 사실을 무시해 버린다. 세상처럼 생산성을 추구한다고 해서 절대 잘못은 아니다. 하지만 신성한 세계와 관련이 있을 경우 하나님은 우리에게 아주 신중하게 처신하라고 명령하셨다. 사람들은 이런 세계를 천시할지 모르지만 우리는 그렇게 해서는 안 된다. 사람들은 하나님의 행사를 쉽게 판단하고 그분의 명령에 의문을 품지만 우리는 그분의 이름을 거론하는 것도 조심스러워해야 한다. 그분이 행동하시든 행동하시지 않든지 경솔하게 의심하고 의문을 품어서는 안 된다. 대신 "이름이 거룩히 여김을 받으시오며"(마 6:9; 눅 11:2)라고 기도해야 한다. 다른 사람들은 자기 생각과 요구를 가지고 성급하게 기도를 드리지만 우리는 경외심을 가지고 그분의 보좌 앞에 옷깃을 여미고 나아가야 한다. 지성소에 들어가는 대제사장처럼 우리는 기도를 신성하게 대해야 한다.

> 너는 하나님의 집에 들어갈 때에 네 발을 삼갈지어다
> 가까이 하여 말씀을 듣는 것이 우매한 자들이
> 제물 드리는 것보다 나으니 그들은 악을 행하면서도
> 깨닫지 못함이니라 너는 하나님 앞에서 함부로
> 입을 열지 말며 급한 마음으로 말을 내지 말라
> 하나님은 하늘에 계시고 너는 땅에 있음이니라
> 그런즉 마땅히 말을 적게 할 것이라
> 걱정이 많으면 꿈이 생기고 말이 많으면
> 우매한 자의 소리가 나타나느니라
>
> (전 5:1-3)

인식하고 있을지 모르지만 젊은이들은 성급하게 말을 하는 편이고 심지어 아무리 해야 할 말이 많더라도 단 두 마디로 압축하려고 단어들을 생략하기도 한다. 세상의 말은 급하고 시끄

럽다. 이런 세상에서 우리는 내 목소리가 수많은 사람들의 음성에 파묻히지 않도록 더 빠르게 말하거나 더 시끄럽게 소리 지르고 싶은 유혹을 받는다. 성경은 분명하다. 말이 많은 자는 많은 죄를 짓는다. 우리는 죄를 지어야 더 큰 영향력을 발휘할 수 있다는 거짓말에 결코 현혹되어서는 안 된다.

> 내 사랑하는 형제들아 너희가 알지니
> 사람마다 듣기는 속히 하고 말하기는 더디 하며
> 성내기도 더디 하라
> (약 1:19)

> 말이 많으면 허물을 면하기 어려우나
> 그 입술을 제어하는 자는 지혜가 있느니라
> (잠 10:19)

매우 신성한 주제를 다루고 있기 때문에 이 책을 쓰는 일이 결코 쉽지 않았다. 내가 늘 교회를 신성시하며 살았던 것도 아니었다. 사람들의 관심을 얻기 위해서 필사적으로 애를 쓰며 많은 시간을 허비했다. 수많은 미국인들처럼 너무나 성급하게 말하고 내 의견만이 옳은 것처럼 행동했다. 지난 몇 년간 나는 하나님의 존전에서 나의 교만함을 고백하고 울면서 시간을 보내야 했다.

마음 한편에는 하나님의 신성함에 대해 더 이상 말하지 않고 외면하고 싶은 마음이 있다. 이 책의 집필을 그만두고 싶은 때도 수없이 많았다. 출판을 포기하고 원고를 다 삭제해 버릴까 심각하게 고민한 적도 있었다. 침묵하는 편이 안전하다는 생각이 들었다. 그러면 책을 출판한 후 받게 될 비판과 비난을 모면할 수 있을 뿐 아니라 하나님에 대해 행여나 잘못된 사실을 말하는 잘못에서 스스로를 보호할 수도 있었다. 그러나 이런 일련의 생각들은 침묵하는 것이 절대 죄가 아니라는 것을 전제로 한다. 구약의 선지자와 나를 동일시하려는 것은 아니지만, 하나님이 내 마음에 두신 것들을 생각하면 예레미야가 처한 딜레마에 너무나 공감이 간다. 하나님은 자기 백성들에게 전할 경고의 말씀을 예레미야에게 주셨고 그는 하나님의 말씀을 대언하는 일을 포기하고 싶었다. 하지만 그럴 수가 없었다.

> 내가 말할 때마다 외치며 파멸과 멸망을 선포하므로
> 여호와의 말씀으로 말미암아 내가 종일토록
> 치욕과 모욕거리가 됨이니이다
> 내가 다시는 여호와를 선포하지 아니하며
> 그의 이름으로 말하지 아니하리라 하면
> 나의 마음이 불붙는 것 같아서 골수에 사무치니
> 답답하여 견딜 수 없나이다
> (렘 20:8-9)

그래서 나는 고민 끝에 신중하고 경건한 마음으로 이 일을 감당하기로 했다. 하나님의 교회를 신성한 대상으로 다루기 위해서는 신중하면서도 겸손한 가르침이 필요하다. 나는 최선을 다해 이렇게 노력했다.

거룩한 비밀

하나님의 교회의 일원이 되는 것처럼 세상에서 더 위대한 명예는 없다.

당신이 그리스도의 몸의 일부라는 사실에 경이로움에 느낀 때는 마지막으로 언제인가? 이런 특권이 너무나 감사하고 신비롭다고 생각해 본 적이 있는가?

> 누구든지 언제나 자기 육체를 미워하지 않고
> 오직 양육하여 보호하기를 그리스도께서 교회에게
> 함과 같이 하나니 우리는 그 몸의 지체임이라
> (엡 5:29-30)

신자는 모두 이런 말씀들을 깊이 묵상해야 한다. 이 말씀을 묵상할수록 깜짝 놀라며 전율을 느낄 수밖에 없다. 바울은 이 비밀이 크다고 말했다. 만약 성취가 당신의 우상이라면 이런 비밀을 묵상하는 데 시간을 들이지 않을 것이다. 자신이 "가까이 가지 못할 빛"에 거하시는 하나님(딤전 6:16)과 조우한 인간 존재라는 기적을 묵상하기보다 바로 다음 문장으로 넘어가서 이 책을 한시라도 빨리 읽고 책장을 덮으려고 할 것이다.

> 이 비밀이 크도다
> 나는 그리스도와 교회에 대하여 말하노라
> (엡 5:32)

천천히 말씀을 음미하며 그 비밀의 경이로움을 생각해 보라. 태양은 지구로부터 9300백만 마일이나 떨어져 있어도 감히 정면으로 바라볼 수가 없다.[1] 인간이 태양과 접촉하고 살아남기란 불가능하다. 그런데 하물며 해보다 더 찬란하게 빛나시는 분과 연합하며 하나를 이루는 것이 어떻게 가능하다는 말인가? 높은 천상의 천사들도 그분의 임재 앞에서는 날개로 그 얼굴을 가린다(사 6:2). 하지만 우리는 그분의 몸의 지체이다. 어떤 신적 존재가 우리를 마치 그 자신의 일부인 양 이토록 특별하게 돌봐 주려고 하는가? 대체 그 이유가 무엇인가?

이런 말씀을 도무지 무덤덤하게 읽고 있을 수 없었노라고 말해 주기를 바란다. 단 일 분이라도 잠시 멈추어 서서 하나님을 찬양했노라고 말해 주기 바란다. 이런 시간을 갖지 못할 정도로 바쁠 수는 없다. 만약 이런 시간을 갖지 못했다면 "말할 수 없는 영광스러운 즐거움으로 기뻐"하는(벧전 1:8) 사람들이라고 소문이 나지 않아도 전혀 놀랍지 않다. 그분의 신비를 묵상할 시간을 내지 않았던 것이다.

성전의 작은 일부

성경에서 내가 즐겨 마음에 그려 보는 한 장면은 역대하 7장의 성전 봉헌 장면이다. 그 가슴 벅찬 현장에 나도 있었으면 정말 행복했을 것이다. 그 순간을 직접 보고 있다고 상상해 보라.

> 솔로몬이 기도를 마치매 불이 하늘에서부터
> 내려와서 그 번제물과 제물들을 사르고 여호와의
> 영광이 그 성전에 가득하니 여호와의 영광이
> 여호와의 전에 가득하므로 제사장들이
> 여호와의 전으로 능히 들어가지 못하였고
> 이스라엘 모든 자손은 불이 내리는 것과
> 여호와의 영광이 성전 위에 있는 것을 보고 돌을 깐
> 땅에 엎드려 경배하며 여호와께 감사하여 이르되
> 선하시도다 그의 인자하심이 영원하도다 하니라
>
> (대하 7:1-3)

하늘에서 불이 내려오는 장면을 직접 보고 있다니 상상할 수 있는가? 하나님의 영광은 어떤 모습으로 나타났는가? 나는 그 장면에 압도되어 숨조차 쉬지 못하고 정신을 잃지 않으려 안간힘을 쓰는 내 모습을 상상해 본다. 그러다가 눈앞의 광경에 감격해서 다른 성도들과 함께 하나님을 예배하는 감동을 경험한다. 성전은 하늘과 땅이 서로 조우하는 곳이었다. 그곳에서는 그분의 영광을 얼핏이나마 육안으로 볼 수 있었다.

신약은 훨씬 더 놀라운 일을 기술하고 있다. 이런 구약의 경험을 부러워한다는 사실은 마땅히 알아야 할 새로운 실재를 내

가 제대로 이해하지 못하고 있다는 반증이다.

> 그러므로 이제부터 너희는 외인도 아니요
> 나그네도 아니요 오직 성도들과 동일한 시민이요
> 하나님의 권속이라 너희는 사도들과 선지자들의
> 터 위에 세우심을 입은 자라 그리스도 예수께서
> 친히 모퉁잇돌이 되셨느니라 그의 안에서 건물마다
> 서로 연결하여 주 안에서 성전이 되어 가고
> 너희도 성령 안에서 하나님이 거하실 처소가 되기
> 위하여 그리스도 예수 안에서 함께 지어져 가느니라
> (엡 2:19-22)

성전 뜰에 서서 하나님의 영광이 임재하는 모습을 볼 수 있다면 무엇이라도 아까울 것이 없을 것 같다. 그러나 나는 이런 경험과 비교조차 할 수 없는 더 놀라운 것을 소유하고 있다. 바로 내가 성전 그 자체의 일부라는 것이다. 예수님의 보혈로 나는 다른 성도들과 함께 하나님이 거하시는 처소를 이루는 일에 참여할 자격이 생겼다. 베드로는 우리를 '산 돌'이라고 설명했다(벧전 2:5). 우리는 하나의 돌로서 사도들과 선지자들이 터가 되고 예수님이 직접 모퉁이 돌이 되셔서 만든 건물을 이루는 데 참여하고 있다(엡 2:20). 바울은 이런 개념에 대해 설명하면서 "너희"라는 복수형과 "성전"이라는 단수형을 사용하였다. 우리는 모두 함께 하나님이 거하실 집을 이루는 데 참여하고 있다.

나는 시간과 공간을 초월해 존재하는 성전에 쓰일 하나의 돌이다. 이 구조물이 성전이라는 의미는 하나님이 우리 가운데 자기의 집을 만드셨음을 의미한다. 이 지점에서 우리는 벅찬 감동을 이기지 못하고 찬양이 터져 나올 수밖에 없다!

이런 신비를 이해하려고 하지 말라. 그냥 묵상하라.

바울은 고린도 교인들에게 이 신비를 설명하면서 무서운 경고를 덧붙였다.

> 너희는 너희가 하나님의 성전인 것과
> 하나님의 성령이 너희 안에 계시는 것을 알지 못하느냐
> 누구든지 하나님의 성전을 더럽히면
> 하나님이 그 사람을 멸하시리라
> 하나님의 성전은 거룩하니 너희도 그러하니라
> (고전 3:16-17)

역대하 7장의 장면을 다시 생각해 보라. 불이 하늘에서 내려오고 하나님의 영광이 성전을 가득 채웠을 때 대형 쇠망치로 성전을 쳐부술 생각을 감히 할 수 있겠는가? 당연히 할 수 없을 것이다! 그런데 왜 교회의 리더들을 험담하고 비방하며 교회를 분열시키는 데 그렇게 신속할 수 있다는 말인가?

누구라도 하나님의 성전을 더럽히면 하나님께서 그 사람을 멸하실 것이다.

하나님이 이런 일에 이토록 단호하게 대처하시는 이유는 무

엇인가? 바울은 하나님의 성전이 거룩하며 우리가 (집단적인 의미의) 바로 그 성전이라고 설명한다. 그러므로 교회의 지체에 대해 부정적으로 말하고 비방할 때마다 마치 대형 쇠망치를 들고 성전을 부수는 셈이나 마찬가지가 된다. 그럼에도 계속 이런 짓을 하고 싶은가?

말과 행동에 신중하도록 하자. 우리는 신성한 것을 다루고 있다. 주님이 보호하시는 올바른 편에 끝까지 서도록 하자. 바울이 디도서 3장 10절에서 다음과 같이 말한 것도 이런 이유 때문일 것이다. "이단에 속한(분열을 조장하는) 사람을 한두 번 훈계한 후에 멀리하라." 우리는 분열을 조장하는 사람이 되어서는 안 된다. 하나님은 이런 죄를 극도로 미워하신다. 그분의 성전은 지극히 신성하다.

오늘날 우리는 모든 일을 판단하고 일일이 토를 다는 것이 당연시되는 문화 속에 살고 있다. 피자를 먹든지, 우버 택시를 타든지, 영화를 보거나 소셜 미디어에 올린 친구의 사진을 보든지 매사에 비판하고 비교할 만반의 준비가 되어 있다. 따라서 교회에서 하나님의 몸의 지체라는 형언할 수 없는 신비에 경이로움을 갖기보다 지도자들을 비판하고 교회의 음악과 프로그램과 우리가 생각할 수 있는 거의 모든 것을 비판하는 데 열중한다. 영화배우의 연기나 좋아하는 팀의 최근 성적을 비판할 때와 동일한 확신으로 교회 목사님의 설교에서 흠을 찾아내고 지적한다. 이런 행동이 성전을 대형 쇠망치로 부수는 행동이 아니면 무엇이겠는가?

성전은 하나님이 지상에서 거주하실 목적으로 몸소 선택하신 곳이라는 사실을 기억하라. 이제 그 성전은 바로 교회이다. 우리가 성전이다. 한번 생각해 보라. 성전을 봉헌하는 내용을 기록한 역대하 7장에서만 하늘에서 불이 내려오는 장면이 등장하는 것은 아니다. 교회가 막 태동한 사도행전 2장에서도 동일한 일이 벌어졌다. 제자들은 불의 혀가 그들 위에 머물렀을 때 한마음으로 기도하고 있었다. 그들이 바로 성전이었다. 불이 그들에게 임했다. 나머지 이야기는 우리가 아는 바이다.

하늘의 작은 일부

우리는 우리 자신보다 더 거대한 무엇인가의, 거룩한 무엇인가의 일부이다. 예수님이 희생 제사를 드리심으로 우리는 그분의 교회의 지체가 되었다. 이로 인해 우리는 하나님의 거룩한 성전의 일부가 되었을 뿐 아니라 하늘 공동체의 일부가 되었다.

하늘의 장면을 묘사하고 있는 요한계시록 4-5장을 읽어 보라. 이 단락은 보좌에 앉아계신 하나님에 대한 웅장한 장면으로 시작한다. 이 장면의 분위기는 강렬하고 생생하다. 네 생물이 하나님의 거룩하심을 선포하고, 하나님의 일곱 영은 해가 작렬할 듯이 눈부시며, 수많은 천사들은 큰 목소리로 예수님을 찬양하고, 이십사 장로는 예수님 앞에 머리의 관을 내려놓고 얼굴을 땅에 대고 엎드리고 있다. 그런 다음 5장 8절에서 마침내 우리가 등장한다.

> 그 두루마리를 취하시매
> 네 생물과 이십사 장로들이 그 어린 양 앞에 엎드려
> 각각 거문고와 향이 가득한 금 대접을 가졌으니
> 이 향은 성도의 기도들이라

이곳에 성도들이 등장한다. 이것이 무엇을 의미하는지 확인했는가? 향이 가득한 금대접에 우리의 기도가 들어 있다. 정말 놀라운 일이 아닌가? 우리는 이 믿을 수 없는 장면의 일부이다!

이런 말을 듣고 불쾌감을 느끼는 사람이 있을지 모른다. '겨우 저거야? 내 기도가 다른 모든 성도들의 기도와 함께 향을 담는 대접에 담겨 있는 장면이 내가 등장하는 유일한 부분이라고?' 걱정하지 마시라. 13절에도 우리는 각자의 목소리로 수십억이 함께 부르는 찬양에 참여할 때 언급된다.

> 내가 또 들으니 하늘 위에와 땅 위에와 땅 아래와
> 바다 위에와 또 그 가운데 모든 피조물이 이르되
> 보좌에 앉으신 이와 어린 양에게 찬송과 존귀와
> 영광과 권능을 세세토록 돌릴지어다 하니
> (계 5:13)

자신이 만든 블로그와 트위터 계정의 신으로 군림하는 데 익숙한 사람들은 말로 표현할 수 없는 거대한 명예라도 성에 차

지 않을 수 있다. 페이스북과 인스타그램에 스스로의 사당을 차리고 자신의 멋진 사진으로 도배한 이들에게는 하찮게 느껴질 수 있다.

여기에는 경계해야 할 위험이 도사리고 있다. 다시 말해 우리는 정반대로 해야 참된 기쁨을 누릴 수 있음을 모른다는 것이다. 우리는 예수님의 구속하심을 입었고 찬양의 대해에 빠져 있는 이들과 함께하며 온전히 신성한 것의 일부가 될 때 참된 기쁨을 누릴 수 있다.

교회로 모인 우리는 거룩한 땅으로 나아가야 한다. 우리는 다른 누군가와 함께 다른 어떤 분을 예배하러 나아왔다. 주변 사람들을 섬기고 그들을 나 자신보다 더 귀하게 여김으로 그분을 향한 우리의 사랑을 쏟아부어야 한다. 사랑은 우리 자신에게 집중하지 않는다. 그리고 우리는 이런 사실에 기뻐해야 한다. 우리보다 훨씬 더 위대한 존재가 있다. 그것은 거룩하다.

영원한 계획의 작은 일부

모든 일을 멈추고 자신이 영원한 계획의 일부라는 사실을 묵상해 본 적이 있는가? 진지하게 이 점을 생각해 보라. 우리의 실존은 어머니의 태중에 임신이 된 순간에 시작된 것이 아니다. 우리는 이 세상의 기초가 놓이기 전에 이미 하나님의 계획 속에 있었다. 이 엄청난 사실을 묵상해 보라. 우리 자신의 존재를 작게 느끼거나 크게 느끼게 하는 일은 거의 없을 것이다.

> 곧 창세 전에 그리스도 안에서 우리를 택하사 우리로
> 사랑 안에서 그 앞에 거룩하고 흠이 없게 하시려고
> 그 기쁘신 뜻대로 우리를 예정하사 예수 그리스도로
> 말미암아 자기의 아들들이 되게 하셨으니
>
> (엡 1:4-5)

우리는 우연히 생긴 존재가 아니라 지구라는 행성보다 먼저 시작되었고 그 이후에도 계속된 놀라운 계획의 일부이다. 자기 비하를 하나님의 교회를 비방하는 것 못지않게 악한 죄로 보아야 할 이유가 여기에 있다. 우리는 하나님이 계획하시고 정교하게 만드신 창조물을 무시하고 있는 것이다. 그분은 세상의 기초가 놓이기 전에 우리를 선택하셨고, 우리를 만드시기 전에 먼저 아셨으며(렘 1:5), 심지어 우리가 창조되기 전에 우리가 할 일을 다 계획해 두셨다(엡 2:10). 그분의 거룩한 교회를 위한 계획을 세우시고 그 계획에 우리를 포함시켜 주셨다. 이런 사실을 묵상할 때 스트레스로 짓눌리는 우리 영혼은 거대한 평화를 누리게 된다. 나는 이 사실을 곱씹을수록 교회를 위한 하나님의 영원한 계획의 일부로 내가 선택된 사실에 큰 자부심을 느끼게 된다.

그분의 교회의 일부가 되었다는 사실이 감격스럽지 않다면 경이로운 눈으로 교회를 바라보는 존재들이 천국에 있다는 사실을 알면 도움이 될지 모른다.

> 모든 성도 중에 지극히 작은 자보다 더 작은 나에게
> 이 은혜를 주신 것은 측량할 수 없는
> 그리스도의 풍성함을 이방인에게 전하게 하시고
> 영원부터 만물을 창조하신 하나님 속에 감추어졌던
> 비밀의 경륜이 어떠한 것을 드러내게 하려 하심이라
> 이는 이제 교회로 말미암아 하늘에 있는 통치자들과
> 권세들에게 하나님의 각종 지혜를 알게 하려 하심이니
> (엡 3:8-10)

이 말씀이 무슨 의미인지 생각해 보라. 하나님은 천상의 존재들에게 도무지 비교할 수 없는 지혜를 보여 주기를 원하셨고… 그래서 교회를 창조하셨다! 우리는 하늘에 있는 통치자들과 권세들이 하나님의 지혜를 보고 경탄할 수 있도록 그분의 교회로서 기능해야 할 거룩한 책임이 있다. 그들은 하나님의 위대한 계획을 드러낼 하나 됨을 우리에게서 볼 수 있어야 한다.

두 절 앞에서 바울은 하나님이 지금 계시하시는 놀라운 비밀을 설명하면서 예수님의 십자가 사역으로 이방인들이 유대인들과 동일한 몸의 지체가 된 것이 그 비밀이라고 이야기하였다. 이것은 오랫동안 하나님 안에 감추어져 있던 거룩한 비밀이다. 천상의 권세자들이 고대하고 있던 위대한 계획이 마침내 계시되었다. 드디어 커튼이 걷히고 그들은 눈앞에 펼쳐지는 놀라운 장면을… 바로 교회의 모습을 넋을 잃고 바라본다. 어떻게 이런 일이! 사실일 리가 없어! 십자가를 통해 국적과 언어가 모

두 다른 사람들이 한 몸의 지체가 되다니? 놀라울 뿐이야! 하나님이 직접 그분의 피조물의 일부가 되시고 그들이 그분의 몸의 지체가 되도록 허락하셨다니? 믿기 어려운 일이야! 이것은 하나님이 처음부터 가지고 계셨던 계획이었다. 전능하신 하나님이 인종을 가리지 않고 사람들과 함께 거하실 날이 올 것이다. 그들은 완전히 하나가 되어 하나님이 거하실 한 성전을 이룰 것이다!

　이 모든 일이 그토록 중요한 이유가 무엇인지 알고 있는가? 오늘날 많은 사람이 교회를 하나의 선택 사항인 양 생각하고, 하나님과 연결할 구시대적인 방식으로서 오래 전에 그 효용성을 다했다고 생각한다. 그들은 시대에 뒤떨어진 이상한 사람들과 엮이지 않도록 <u>스스로의 힘으로</u>, <u>스스로의 방식으로</u> 하나님과 관계를 맺으려 한다. 우리는 교회에 대한 그들의 감정을 상당 부분 공감할 수 있다. 그러나 하나님의 시선으로 교회를 볼 때, 하나님의 뜻에 따라 교회를 바라볼 때 우리는 경탄할 수밖에 없다. 하나님 외에 누가 이런 아름답고 놀라운 계획을 제시할 수 있겠는가?

　교회를 위한 하나님의 아름다운 계획을 보지 못하는 우리 자신의 어리석음을 이야기하지 않을 수 없다. 천상의 존재들은 하나님의 교회를 보고 놀라서 숨을 죽이지만 지상의 많은 사람들은 무덤덤하게 하품을 할 뿐이다. 초대 교회는 자신들이 하나님의 몸의 일부라는 사실을 감격하며 받아들이는 데 힘찬 음악과 멋진 영상과 매력적인 지도자들이 필요하지 않았고 성능이 뛰어난 조명도 필요하지 않았다. 순수한 복음만으로도 그들은 그 신비에 매료되고 경이로움을 느꼈다.

    복음 이외에 다른 것을 필요했던 것이 조금이라도 부끄럽지 않은가? 다 당신 탓은 아니다. 수십 년 동안 우리 같은 교회 지도자들이 교회 자체의 놀라운 신비에 눈을 뜨지 못했고 오히려 사람들의 흥미를 유도하고자 다른 방법들에 의존했다. 우리는 신성한 신비를 값싼 싸구려로 전락시켰고 이제 그 잘못을 회개해야 한다.

3. 교회를 향한 하나님의 주문서

레스토랑에서 스테이크를 주문했다고 생각해 보라. 20분 후에 웨이터가 와서 스파게티 접시를 테이블에 갖다 놓으며 그동안 먹어 본 최고의 스파게티일 것이라고 말한다. 그러면 당신은 기분이 좋겠는가? 그렇지 않을 것이다. 주문한 요리가 아니라서 다시 반품할 것이다. 심지어 같은 종류의 요리도 아니지 않는가.

교회에 대해 그동안 우리가 한 짓이 바로 이런 일이라고 생각한다. 하나님은 우리에게 교회를 위한 '주문 내역'을 주셨다. 성경의 계명들을 통해 요구 사항을 정확히 알려 주셨다. 하지만 우리는 우리가 보기에 더 낫다고 생각하는 것을 만드는 오만을 저질렀다. 그분의 계명을 부지런히 공부하고 그분이 정확히 요청하신 대로 가져다드리기보다 너무나 많은 다른 것들의 영향을 받았다. 우리가 원하는 것이나 남들이 원할 것이나 혹은 다른 사람들이 하고 있는 일에 더 관심을 쏟았다. 가인처럼 실제로 하나님이 요구하신 것이 아니라 그분이 받아들이시리라 우리가 생각하는 제사를 드렸다.

명령과 기대

내가 교회 리더들과 통과 의례처럼 실시하는 간단한 훈련이 하나 있다. 먼저 교인들이 교회에 기대하리라 생각하는 것을 모두 적어 보도록 한다. 그들은 보통 멋진 예배, 연령에 특화된 확실한 사역, 특정한 방식/음량/길이의 찬양, 전달력이 좋은 설교, 주차장과 같은 편의 시설, 깨끗한 교회 건물, 음료, 영유아 프로그램처럼 확실한 것들을 적는다. 그런 다음 나는 하나님께서 말씀으로 교회에 주신 명령들을 적어 보도록 한다. 보통 그들은 "내가 너희를 사랑한 것같이 너희도 서로 사랑하라"(요 15:12), "고아와 과부를 그 환난 중에 돌보고"(약 1:27), "모든 족속을 제자로 삼아"(마 28:19), "너희가 짐을 서로 지라"(갈 6:2)와 같은 명령을 적는다. 그러면 나는 교인들이 어떤 경우에 더 화를 낼 것으로 보이느냐고 질문한다. 첫 번째 목록의 내용을 교회가 제대로 제공하지 못했을 경우인가? 아니면 두 번째 목록의 명령을 교회가 순종하지 못했을 경우인가?

누가복음 12장에서 예수님은 종에게 특별한 임무를 맡기고 떠난 주인에 관한 비유를 들려주셨다. 집으로 돌아온 주인은 종이 자신이 맡긴 일을 다 완수했을 것이라고 기대한다. 하지만 주인은 종이 주인의 명령을 무시한 사실을 알았고 격노한 주인은 그 종을 엄벌에 처한다. 이런 엄중한 비유를 우리는 아무렇지 않은 양 무시해 버릴 수 있는가? 만약 그렇게 한다면 제정신이 아닐 것이다. 예수님은 곧 돌아오실 것이며 그분의 교회가 그분의 명령대로 진지하게 순종하기를 기대하고 계신다. 그러나 우리는 설교가 교인들에게 제대로 전달되었는지, 청소년 그룹을 세태에 맞게 제대로 교육하고 있는지, 음악을 얼마나 잘 선정했는지 따위에 더 관심이 많을 때가 너무나 많다. 솔직히, 교회에 있는 사람들을 변화시키기 위해 무엇으로 자극을 해야 하는가? 하나님의 명령에 대한 불순종인가? 아니면 우리가 가졌던 기대감에 미치지 못하는 상황인가? 이런 질문들에 대한 대답을 통해 우리 교회가 하나님을 기쁘시게 해드리기 위해 존재하는지 아니면 사람을 기쁘게 하기 위해 존재하는지, 다시 말해 하나님이 우리 교회를 인도하시는지 아니면 우리가 교회를 인도하고 있는지 확인할 수 있다.

마가복음 7장에서 예수님이 제자들과 식사를 하시던 때, 일부 바리새인들이 제자들이 손을 씻지 않았다고 나무라는 장면이 나온다. 식전에 손을 씻는 것은 유대인이라면 누구나 지키던 장로들의 확고한 전통이었다(3절). 그들은 식전에 손을 씻지 않으면 하나님이 진노하시기라도 하는 것처럼 하나님께 중대한 과실을 범했다고 생각했다. 하지만 문제는 바로 이것이었다. 하나님은 결코 사람들에게 식전에 손을 씻으라고 명령하신 적이 없었던 것이다. 하나님은 이런 식전 의식에 대해 그렇게 지대한 관심을 가지실 하등의 이유가 없었다. 특별히 그분이 명령하신 모든 명령과 비교해 볼 때 이 점은 더욱 확실하다.

예수님은 그들을 향해 위선자라고 비판하시며 그들이 "사람의 계명으로 교훈을 삼아" 가르치고 있으며 "하나님의 계명은 버리고 사람의 전통을" 지킨다고 책망하셨고, 마지막으로 "너희 전통을 지키려고 하나님의 계명을 잘 저버리는도다"라고 정죄하셨다(7-9절). 실제로 예수님은 그들의 이런 모습에 분노하셨다!

구약에서 하나님은 자기 백성들의 순종을 기대하시고 아주 명확한 계명들을 주셨다(정확히 613가지). 그 이후로 세월이 흐르면서 그들은 하나님이 실제로 한 번도 요구하신 적이 없는 전통들을 추가하며 좋은 아이디어라고 스스로 흡족하게 여겼다. 식전에 손을 씻고 그릇을 씻는 것이 한 가지 예이다. 물론 식전에 손을 씻는 자체는 나무랄 일이 아니다. 실제로 권장할 만한 좋은 습관이다. 예수님이 그들을 위선자라고 책망하신 이유는 이것 때문이 아니었다. 그들을 그토록 신랄하게 책망하신 이유는 그들이 스스로의 전통을 만든 후 복종을 강요하며(중요하지 않았음에도) 하나님이 그들에게 주신 원래 명령들(지극히 중요한)보다 더 중시했기 때문이다.

전통을 중시하면서 바리새인들은 하나님의 명령에 순종하고 있다고 착각했다. 우리 역시 스스로 경계하지 않는다면 같은 죄를 짓고 그들과 마찬가지로 하나님의 진노를 살 수 있다.

우리 중 많은 사람들이 오랫동안 익숙해진 나머지 실제로 인간의 전통을 하나님이 주신 명령인 양 진지하게 받아들인다.

주의 성만찬을 이행하지 않는 문제에 대해서는 무관심하면서 주일학교가 없다는 사실에 대해서는 분을 이기지 못하는 사람들을 보았다. 어떤 이들은 고통을 겪는 과부와 고아들을 무시하고 있다는 지적에는 대수롭지 않게 반응하지만 교회 음악의 종류에 대해서는 정색을 하고 화를 낸다. 40분간의 설교 시간을 엄수하라는 명령은 성경에 없지만 "너희가 짐을 서로 지라 그리하여 그리스도의 법을 성취하라"(갈 6:2)는 명령이 성경에 실제로 있다는 사실에 놀라서 휘둥그레 바라보는 사람들도 있다. 이 외에도 복장, 청소년 사역, 예배 시간에 관해서는 불평하면서 어떻게 몇 개월이고 혹은 몇 년이고 복음을 전하지도 않고 예수님이 누구신지 전혀 모르는 수십억의 사람들을 제자로 삼는 문제는 무관심할 수 있는지 놀라울 따름이다.

우리가 원하는 것과 하나님이 명령하신 것은 구분해야 마땅하다. 우리의 욕구가 모두 다 잘못되었다는 말이 아니라 하나님이 실제로 원하시는 것을 우선시해야 한다는 말이다.

사역의 정도

나는 30여 년 동안 교회 지도자로 섬겨왔다. "무엇을 해야 효과적으로 사역을 할 수 있을까?"라는 질문을 스스로에게 던지며 오랜 시간을 보냈다. 그리고 이 말은 "집회에 더 많은 사람들이 참여하게 하려면 어떻게 하면 될까?"와 같은 뜻이었다. 이런 관심이 반드시 다 나쁘다고 할 수는 없다. 내가 말하고자 하는 핵심은 더 많은 사람들이 그리스도에 대해 관심을 가지기를 원했다는 뜻이고 그들의 삶이 변화되는 모습을 보기 원했다는 것이다. 그러나 나는 결과에 급급한 나머지 주님의 명령을 소홀히 했다. 하지만 바울은 그렇지 않았다. 로마서 9장 1-3절을 읽어 보면 바울은 우리 중 누구보다 사람들의 구원에 큰 관심이 있었음을 알 수 있다. 그러나 이렇게 사람들에게 관심을 가지면서도 여전히 거룩한 것을 지키는 일에 신중했다.

바울은 인간적인 수사를 사용하지 않으려고 신중을 기했고 성령의 능력이 더 압도적으로 드러날 수 있도록 스스로를 경계했다. 하지만 나는 무엇이든 효과가 있으면 무작정 시도하고 보았다. 교회당이 늘 만석이 되도록 유지하는 나름의 비결을 터득했다. 사람들이 체험하고 싶은 것을 충족시켜 주는 법도 배웠다.

바울은 이런 요구에 굴하지 않았다. 고린도 교인들은 바울이 당시 많은 사람들의 사랑을 받던 뛰어난 웅변가들처럼 화려한 웅변술로 설교해 주기를 바랐지만 바울은 응하지 않았다(고전 1:17). 그들은 인간이 줄 수 있는 최고의 지혜를 알려 줄 설교자를 원했지만 바울은 정반대의 것을 주었다. 오히려 십자가의 능력을 제한하고 싶지 않았기 때문에 되도록 말을 삼가려고 했다. 바울은 그들이 믿음으로 성령의 능력을 의지하기를 원했다(고전 2:1-5). 그들은 모두에게 칭송을 받는 기독교 유명 인사를 원했지만(고전 11장) 바울은 그런 사람이 되기를 거부했다. 그들이 요구하는 것을 주기보다 그들에게 필요하면서 가장 최상의 것을 주려고 했다.

그리스도께서 나를 보내심은

세례를 베풀게 하려 하심이 아니요

오직 복음을 전하게 하려 하심이로되

말의 지혜로 하지 아니함은

그리스도의 십자가가 헛되지 않게 하려 함이라

(고전 1:17)

형제들아 내가 너희에게 나아가

하나님의 증거를 전할 때에

말과 지혜의 아름다운 것으로 아니하였나니

내가 너희 중에서 예수 그리스도와 그가 십자가에

못 박히신 것 외에는 아무것도 알지 아니하기로

작정하였음이라 내가 너희 가운데 거할 때에

약하고 두려워하고 심히 떨었노라

내 말과 내 전도함이 설득력 있는 지혜의 말로 하지

아니하고 다만 성령의 나타나심과 능력으로 하여

너희 믿음이 사람의 지혜에 있지 아니하고

다만 하나님의 능력에 있게 하려 하였노라

(고전 2:1-5)

    내가 아는 한 지금까지 교회에 출석하는 기독교인들의 수는 꾸준히 하향 곡선을 그렸다(전체 인구 성장과 비교하면).[1] 그러므로 목회자들이 좋은 의도로 교회를 대중들이 접근하기에 더 편한 곳으로 만들고자 노력한다고 해서 그렇게 놀랄 일은 아니다. 그러나 사실 이것은 결코 효과가 없었던 오래된 게임이다. 19세기 덴마크의 쇠렌 키에르케고르는 국교회의 실상에 큰 충격을 받았다. 그는 덴마크 교회가 형식주의에 치우쳐 무정하며 신실함을 잃은 지 오래라고 생각했다. 진정한 기독교는 대가가 따르며 겸손을 요구한다고 믿었다. 복음은 우리의 처참한 실패를 드러내고 오직 하나님의 은혜로만 생명을 얻을 수 있다고 주장한다. 그러므로 예수님만이 구원하실 수 있음을 인정할 때 우리의 자만심은 손상을 입게 된다. 그러나 키에르케고르는 교회에서 기독교를 사람들의 구미에 맞게 대중적으로 만들고 불쾌감을 가능한 주지 않으려고 끊임없이 시도하는 모습을 보았다. 그는 이렇게 기독교에서 불쾌감을 주는 것을 모두 제거해 버리고 모두가 편안하고 재미있게 교회를 운영하고자 한다면 "교회 문을 닫아 버리라. 빠를수록 좋다. 아니면 하루 종일 열려 있는 놀이공원으로 바꾸어 버려라!"라고 말했다.[2]

    오늘날에 꼭 들어맞는 비판이 아닌가?

    앨런 허쉬(Alan Hirsch)는 호주에서 대형 교회를 건축하던 과정에서 자신이 했던 경험을 설명해 준다. "사람들의 관심을 유도할 목적으로 마케팅 기법과 오락적 요소들을 동원해야 한다면 [같은] 원리로 계속 사람들의 교회 출석을 유도해야 한다. 그래야 그들의 관심이 지속되도록 할 수 있다. 오락으로 사람들의 관심을 사면 계속해서 그 욕구를 충족시켜 주어야 그들을 교회에 계속 붙잡아 둘 수 있다. 하지만 수많은 이유로 이런 방식에 매달리면 매년 더 어려워지는 경험을 할 것이다. 결국 우리 자신의 등을 때릴 채찍을 만들어내는 꼴이 될 것이다."[3]

사람들이 원하는 데 지나치게 관심을 집중하면 그들의 욕구불만의 강도가 오히려 더 증가할 뿐이다. 사람들의 욕구를 충족시키려고 애를 쓸수록 욕구가 충족되지 않을 때 쏟아내는 불평의 정도는 더 악화될 것이다. 이제 많은 사람들은 그들의 불행과 불만족이 교회의 책임이라고 실제로 믿게 될 것이다. 이에 대한 많은 책임은 이런 문제들을 잘못 처리한 나와 같은 지도자들에게 있다.

밤 열한 시에 열 살 된 아이가 피곤하다고 뜨거운 라떼를 타 달라고 하면 당장 잠자리에 들라고 말해야 한다. 피곤하면 잠을 자야 피곤이 해소된다. 그러나 너무나 자주 우리는 사람들에게 필요한 것이 아니라 그들이 원하는 것을 주었다. 우리가 사랑을 표현할 수 있는 가장 최선의 방법은 관심을 끌기 위해 소리 지르는 것을 멈추고 하늘 보좌를 위해 목소리를 사용할 때만 기쁨이 찾아온다는 것을 가르치는 것이다.

> 내가 또 보고 들으매 보좌와 생물들과 장로들을
> 둘러 선 많은 천사의 음성이 있으니 그 수가
> 만만이요 천천이라 큰 음성으로 이르되 죽임을
> 당하신 어린 양은 능력과 부와 지혜와 힘과 존귀와
> 영광과 찬송을 받으시기에 합당하도다 하더라
> 내가 또 들으니 하늘 위에와 땅 위에와 땅 아래와

바다 위에와 또 그 가운데 모든 피조물이 이르되
보좌에 앉으신 이와 어린 양에게 찬송과 존귀와
영광과 권능을 세세토록 돌릴지어다 하니 네 생물이
이르되 아멘 하고 장로들은 엎드려 경배하더라

(계 5:11-14)

 이런 장엄한 장면 앞에서 지루하다고 느끼는 자신을 상상할 수 있겠는가? 뭔가 더 필요하다는 생각이 들 수 있겠는가? 사람들이 당신의 필요에 더 관심을 가져 주었으면 좋겠다는 생각이 들 수 있겠는가? 절대 그럴 수 없다! 우리는 바로 이렇게 하나님을 찬양할 목적으로 창조되었다. 우리는 사람들이 우주의 중심인 것처럼 행동한다고 해서 그들에게 호의를 보이지 않는다. 사람들은 거룩한 세계에 경이로움을 느끼든지 아니면 무덤덤하든지 할 것이다. 거룩한 것을 보아도 무감각하다면 성령께서 그들의 인생에 역사하신 적이 한 번도 없었다는 뜻이다. 양이 그분의 음성을 듣지 못한다면 가도록 놔두라. 당신의 음성으로 그들을 불러내지 말라.
 우리는 제대로 된 서비스를 제공하고 누구도 불쾌감을 느끼지 않도록 그럴 듯하게 복음을 포장하면 사람들이 교회를 떠나지 않게 설득할 수 있다고 생각하고 우리 목소리를 덧붙일 때가 너무나 많다. 이렇게 예배를 드리는 자들의 구미에 맞추려다 우리 예배를 받으셔야 하는 분에게는 무심하게 대함으로 인간 중심의 교회들을 양산하는 것은 아닌지 두렵다.

누군가를 정죄하려거나 잘못을 지적하려고 이런 말을 하는 것이 아니다. 나 역시 이렇게 사람들의 시선을 의식하며 사역한 적이 있었다. 하지만 이런 소비주의적 사고방식에 사로잡혔던 과거를 돌이켜보더라도 내 의도가 악했다거나 그리스도를 향한 사랑이 약했다고는 생각하지 않는다. 하나님이 결과적으로 다른 평가를 하실지 모르지만 내가 저지른 최대의 실수는 깊이 생각하고 고민하지 않았던 것이라고 확신한다. 혹은 마땅히 의논해야 할 분과 충분히 상의하지 않은 것이라고 생각한다. 나는 다른 모든 사람들처럼 소비주의에 사로잡혀 있었고 나와 다른 사람들의 욕구에 과도하게 관심을 기울였다.

많은 사람들이 최대의 공리를 기준으로 결정을 내린다. 집이나 직장, 자동차나 옷, 음식과 교회를 선택할 때도 이런 기준을 적용한다. 우리가 원하는 것을 충족시키는 데 먼저 집중하고 그다음으로 위반한 성경의 명령이 없는지 확인한다. 본질적으로 우리는 하나님이 원하시는 것보다는 하나님이 묵인하실 것이 무엇인지에 더 관심이 많다. 어쩌면 우리는 하나님을 가장 기쁘시게 해드릴 것이 무엇인지 질문하기를 두려워하는지 모른다. 불순종보다 무지가 더 낫다고 여긴다.

그나마 다행스러운 점은 하나님의 은혜로 우리 중 일부나마 잘못을 깨닫고 하나님이 원하시는 뜻을 가장 우선순위로 삼으려고 스스로를 훈련한다는 점이다. 여기서 우리가 출발점으로 삼아야 하는 것은 우리의 욕구나 전통이 아니라 성경 말씀이다. 우리가 무엇을 좋아하는지 혹은 사람들이 무엇을 좋아하는지

묻기보다 한 가지 단순한 질문을 해야 한다. 하나님이 가장 기뻐하시는 것은 무엇인가?

하나님의 명령을 중심에 두다

최초의 교회는 하나님이 가장 기뻐하시는 뜻을 가장 중요하게 생각했고 그 뜻을 중심으로 교회를 운영했다. 세상 사람들의 부러움을 샀던 것은 그들이 마땅히 집중해야 할 일에 집중했기 때문이다. 사도행전을 읽으면 나도 그들의 일원으로 그 공동체에 합류하고 싶다는 마음이 저절로 생긴다. 그들이 하는 일은 특별했다. 세상의 그 어떤 것도 필적할 것이 없을 정도로 특별하고 강렬했다. 교회는 세상이 그때까지 한 번도 보지 못했던 모습을 보여 주었다.

> 그들이 사도의 가르침을 받아 서로 교제하고
> 떡을 떼며 오로지 기도하기를 힘쓰니라
> 사람마다 두려워하는데 사도들로 말미암아
> 기사와 표적이 많이 나타나니 믿는 사람이
> 다 함께 있어 모든 물건을 서로 통용하고 또 재산과
> 소유를 팔아 각 사람의 필요를 따라 나눠 주며
> 날마다 마음을 같이하여 성전에 모이기를 힘쓰고
> 집에서 떡을 떼며 기쁨과 순전한 마음으로
> 음식을 먹고 하나님을 찬미하며
> 또 온 백성에게 칭송을 받으니 주께서

구원 받는 사람을 날마다 더하게 하시니라

(행 2:42-47)

이 기록에는 초기 기독교인들이 어떤 강력한 체험을 떠올리려고 노력하는 부분이 전혀 없다. 그들은 사람들의 관심을 얻기 위해 궁리하지도 않았다. 예수님이 그들을 떠나 아버지에게로 돌아가신 후 그들은 함께 모여 그들의 길을 인도해 주시고 그들을 통해 역사해 주시도록 구하며 기도에 전념했다. "마음을 같이하여 오로지 기도에 힘쓰더라"(행 1:14). 하나님의 성령이 그들 위에 강림하신 때는 바로 이렇게 함께 모였을 때였고 온 성도가 "사도의 가르침을 받아 서로 교제하고 떡을 떼며 오로지 기도하기를 힘쓰"면서 교회가 시작되었다(행 2:42).

어떤 현대적인 교회 성장 운동도 이런 방식을 진지하게 고려하지 않을 것이다. 열광적인 뜨거운 분위기는 어디에 있단 말인가? 물론 그것들은 기본적인 구성 요소들이다. 하지만 정말로 사도들의 가르침을 받고 교제하며 떡을 떼고 기도하는 것만으로 무엇인가를 이룰 수 있다고 생각하는가? 결국 초대 교회가 느꼈던 '경외심'을 경험하지 못한 채 이 단순한 접근 방식을 쫓아간 사람들이 많지 않았는가? 그렇다. 이 구절에는 현대 교회들의 노력과 초대 교회의 노력을 구별하는 핵심 단어가 있다. 그것은 '힘쓰다'라는 단어이다.

참을성을 미덕으로 보지 않는 현재의 문화적 풍토에서 우리는 성경적인 헌신은 귀찮게 여기면서 성경적인 기적의 경이로움을 체험하는 데 관심을 쏟을 수 있다. 우리의 역기능의 핵심에는 스타일이나 조직이 아니라 헌신의 부족이 자리하고 있다. 오늘날 우리의 논의는 주일 오전 예배를 가장 잘 활용할 수 있는 방법을 중심으로 진행될 때가 태반이다. 사람들이 일주일에 90분을 기꺼이 희생할 수 있다면 그 시간을 찬양이나 설교나 기도에 더 집중적으로 투자해야 하는가? 모두가 함께 모여야 하는가? 아니면 소모임을 중심으로 모여야 하는가? 하지만 이런 질문들은 모두 잘못됐다. 우리는 그리스도인들이 그들의 인생에서 정말 중요한 유일한 일에 대해 일주일에 단 90분만 투자하려고 하는 이유가 무엇인지 물어야 한다. 같은 맥락에서 리더들은 기도와 가르침과 교제와 성찬을 90분의 예배 시간에 억지로라도 모두 포함시킬 방법을 끊임없이 궁리한다. 이 시간이 자신들이 동원할 수 있는 전부라고 믿기 때문이다.

사람들이 헌신하도록 강제할 수는 없다. 하지만 우리는 여기서 나아가 도리어 헌신하지 않는 분위기가 대세를 이루도록 방조해 왔을 수도 있다. 늘 사람들의 흥미와 관심을 충족시키려는 데 치중하다가 헌신의 값싼 대체물을 만들어 버린 것이다.

초대 교인들은 끊임없이 많은 일로 부산하지 않고 몇 가지 소수의 일에 집중적으로 헌신했다. 그리고 그런 노력이 세상을 바꾸었다. 미국의 교회는 늘 새로운 일들을 끊임없이 도모하는 것처럼 보인다. 혹시 놓친 것은 없는지 강박증을 느낄 정도이며 최신 트렌드의 교회 성장론을 놓치지 않고 쫓아가려고 부단히 애쓴다. 새로운 직책을 더 보완한다거나 어떤 프로그램을 추가

하기만 하면 교회가 건강해질 것이라고 믿는다. 결코 끝이 나지 않는 게임이다. 이제 이런 일은 지겨울 정도로 시도해 보지 않았는가?

사도의 가르침

초대 교회는 사도들의 가르침을 받는 데 힘썼다. 사도들의 가르침은 다른 어떤 글도 지니지 못하는 기적적인 능력을 발휘했다(엡 2:20; 딤후 3:16-17). 대부분 그리스도인들은 일생 동안 "하나님의 말씀은 살아 있고 활력이 있어 좌우에 날선 어떤 검보다도 예리하여 혼과 영과 및 관절과 골수를 찔러 쪼개기까지 하며 또 마음의 생각과 뜻을 판단하나니"(히 4:12)라는 말씀을 듣고 살아간다. 우리도 이런 말씀을 숱하게 들었다. 하지만 정말 이 말씀을 그대로 믿고 있는가?

하나님의 말씀이 이렇게 능력이 있다는 것을 진정으로 믿는다면 우리는 무엇을 해야 하는가? 우리는 이런 말씀들을 읽으면 이 말씀들이 그 자체적으로 생명력을 발휘하리라 기대할 것이다. 설교자들이나 "성경 말씀이 살아 움직이도록" 할 설교자들의 능력을 그렇게 강조하지는 않을 것이다.

그동안 본 영화 중에서 마녀가 주문을 외는 장면을 생각해 보라. 능력은 주문 자체에서 나오기 때문에 주문 내용을 정확히 그대로 반복해서 외워야 한다. 물론 당연히 하나님의 말씀을 주문을 적은 책자와 비교하려는 것이 아니다. 다만 이런 말씀들을 마녀의 주문보다 더 거룩하고 능력이 있는 것으로 대해야 마땅하다는 뜻이다.

> 살리는 것은 영이니 육은 무익하니라
> 내가 너희에게 이른 말은 영이요 생명이라
>
> (요 6:63)

공원에서 야구를 하고 있는데 르브론 제임스가 우리 팀 소속으로 경기를 하고 싶다고 한다면 나는 기회가 생기는 대로 무조건 그에게 공을 패스할 것이다. 그에게 공을 넘긴 다음 뒤로 물러서서 그의 현란한 실력을 감탄하며 지켜볼 것이다. 하나님의 말씀을 공개적으로 읽고 다른 사람들도 그 말씀을 읽도록 독려하는 데 더 많은 시간을 보낸다면 어떻게 되겠는가? 아마 느긋하게 앉아 하나님의 말씀이 이루고자 시작한 일을 완수해 나가는 모습을 경이로운 마음으로 지켜볼 수 있으리라 생각한다.

> 이는 비와 눈이 하늘로부터 내려서
> 그리로 되돌아가지 아니하고 땅을 적셔서
> 소출이 나게 하며 싹이 나게 하여 파종하는 자에게는
> 종자를 주며 먹는 자에게는 양식을 줌과 같이
> 내 입에서 나가는 말도 이와 같이 헛되이
> 내게로 되돌아오지 아니하고 나의 기뻐하는 뜻을
> 이루며 내가 보낸 일에 형통함이니라
>
> (사 55:10-11)

지금까지 나의 설교 습관을 보면 하나님의 말씀은 죽어 있다고 믿고 내가 창의성을 발휘해서 되살려야 하는 것처럼 행동했다는 것을 알 수 있다. 바울은 "내가 이를 때까지 읽는 것과 권하는 것과 가르치는 것에 전념하라"(딤전 4:13)라고 말했다. 아마 우리가 이렇게 공개적으로 말씀을 읽는 데 더욱 전념한다면 설교자들에게 열광하는 것이 아니라 하나님의 말씀에 중독된 새로운 세대를 일으킬 수 있을 것이다.

한 친구는 공개적인 성경 읽기 시간을 갖기 위해 사람들을 모집했다. 그들은 창세기부터 시작해서 교대로 성경을 읽었고 3일 후에 요한계시록까지 모두 읽게 되었다. 72시간 만에 성경 전체를 소리 내어 읽을 수 있었던 것이다. 그는 마지막 장을 읽었을 때 그들이 느낀 벅찬 감정을 설명해 주었다. 형언하기 어려울 정도로 감개무량함을 느꼈다. 말씀은 그들의 기대를 훨씬 뛰어넘는 일을 해주었다. 그들은 미국의 대부분 자칭 그리스도인들이 일생 동안 하지 못할 일을 단 사흘 만에 해냈다.

방해가 될 수 있는 모든 일을 차단하고 성경 말씀에 전념한다는 것은 무엇을 의미하는가? 이전에 한 번도 경험하지 못했던 놀라운 능력이 교회에서 역사하는 장면을 목도하게 될 것이라고 나는 확신한다.

불과 몇 주일 전에 우리는 교회 집회를 열고 요한계시록 전체를 소리 내어 읽었다. 먼저 요한계시록 1장 3절을 읽는 것으로 시작했다. "이 예언의 말씀을 읽는 자와 듣는 자와 그 가운데에 기록한 것을 지키는 자는 복이 있나니 때가 가까움이라."

하나님께서 요한계시록을 소리 내어 읽는 이들에게 축복을 약속해 주시는데 실제로 이렇게 말씀을 소리 내어 읽는 이들이 없다는 것이 이상하지 않은가? 그래서 우리는 스물두 장을 모두 다 읽을 때까지 돌아가며 한 장씩 낭송하는 시간을 가졌다. 놀라운 경험의 시간이었다. 단순하게 하나님의 말씀을 읽었을 뿐인데 조금도 과장하지 않고 우리는 내가 했던 어떤 설교보다 더 심오하고 순수한 형태의 예배로 나아갈 수 있었다.

우리는 3세계 국가의 사람들이 더러운 물에 옷을 빨고 있는 장면을 본 적이 있다. 물론 아예 씻지 않는 것보다는 낫겠지만 그렇게 빨아서 옷이 깨끗해질 리가 없다. 나의 설교에 대해 내가 느끼는 감정이 바로 이런 것이다. 아무것도 하지 않는 것보다 분명히 낫겠지만 내 입에서 나오는 말은 하나님의 말씀의 순결함에 비교하면 너무나 지저분할 것이다. 오직 하나님의 말씀만이 세상 속에 있어도 더러워지지 않는다. 우리를 온전히 깨끗하게 할 힘이 있는 유일한 것이 말씀이다. 우리가 하나님 앞에 깨끗한 손과 순결한 마음으로 서기를 진정으로 원한다면 오직 하나님의 말씀만을 더욱 사모하며 더욱 경이로운 마음을 가져야 한다.

빵을 떼기

최초의 제자들은 빵을 떼는 데 전념했다. 신약 성경에서 빵을 뗀다는 것은 주의 만찬을 기념하며 함께 식사를 하는 것을 말한다. 이렇게 빵을 떼는 의식이 그들에게 어떤 의미로 다가왔을지 생각해 보라. 예수님은 초대 교회의 모든 사람에게 놀라운 영향을 미치셨다. 그분의 십자가상의 희생적 죽음과 이후의 부활은 그들에게는 생생한 현실이었다. 주변 사람들은 그들을 오해하고 반대했다. 예수를 따른다는 이유로 매를 맞거나 심지어 죽임을 당한 사람들도 있었다.

그러므로 같은 소명과 믿음을 가진 소수의 사람들과 함께 모여서 빵을 떼는 것이 그들에게 어떤 의미였을지 생각해 보라. 한 테이블에 둘러앉아 조건 없이 서로를 사랑하며 우리와 마찬가지로 삶의 변화를 경험한 사람들과 함께 식사를 한다고 생각해 보라. 한자리에 앉았을 때 한때 그 자리에 앉아 있었지만 그분의 죽으심을 전한다고 죽임을 당한 사람들의 빈자리를 보고 그들의 존재를 다시 한번 확인해야 했을 것이다. 그 자리에 모인 사람 중에는 박해를 받고 몸에 상처와 고문당한 흔적이 그대로 남아있는 이들도 있었을 것이다. 그들은 예수님이 자기 육신을 찢으셨고 그 안에서 우리가 생명을 얻도록 하신 사실을 기억하며 모두 함께 빵을 떼서 먹었다. 주님이 흘리신 피를 생각하며 이 형제들과 포도주를 마신다고 생각해 보라. 주님은 우리가 우리의 모든 죄에서 정결함을 입고 용서를 받을 수 있도록 이 일을 해주셨다. 교회가 모일 때마다 이런 경험이 얼마나 강렬하게 다가왔을지 알 수 있겠는가?

지금 성찬 의식이 우리에게 지루하게 느껴진다면 예수님의 희생 제사의 의미를 망각했기 때문일 수 있다. 성찬이 생명을 살리는 필수적인 의식이 아니라 일종의 의무처럼 느껴진다면 두러운 마음으로 마음의 상태를 점검해야 한다. 하나님은 우리가 주의 만찬에 참여하지 않으면 살 수 없음을 알고 그 만찬을 소중히 여기며 진지하게 임하기를 원하신다. 주의 성찬을 이렇게 소중히 대해왔는가? 아니면 예수의 상한 육신과 흘리신 피를 단순히 또 하나의 신학적 개념에 불과한 것처럼 가볍게 대하지는 않았는가?

하나님은 성찬을 그분의 살과 피를 기억하는 친밀한 행위가 되도록 계획하셨다. 단순히 생각의 차원에서 끝나지 않고 실제로 잔의 포도주와 빵을 먹도록 하셨다. 나아가 성찬은 단순히 예수님과의 친밀함을 확인하는 의식에서 머무르지 않는다. 서로와의 친밀함을 확인하는 시간이기도 하다. 예수님은 제자들의 발을 씻겨 주시고 자신이 그들을 사랑한 것처럼 서로 사랑하라고 명령하셨다. 그분의 상한 몸과 피를 보고 그들을 향한 그분의 사랑을 기억하라고 가르치신 때는 이렇게 발을 씻기신 후였다. 십자가를 생각하고 한자리에 앉아 있는 성도들을 둘러볼 때 우리는 스스로에게 이렇게 물어보아야 한다. "나는 이 방에 있는 사람들을 그 정도로 사랑할 수 있는가?" 대부분의 교인들에게 이런 사랑은 아마 불가능한 일로 보일 것이다. 그러나 그리스도는 바로 이런 수준의 사랑을 우리에게 요구하신다. 교회가 문자 그대로 서로를 위해 십자가로 나아가는 사람들로 구성된다면 어떻게 될지 생각해 보라. 그런 사랑을 직접 보고도 어떻게 아무렇지 않은 듯 무감각할 수 있겠는가? 불신자들은 우리가 서로 떡을 떼는 모습을 볼 때 마땅히 이런 사랑을 체감할 수 있어야 한다. 성만찬이 교회와 관련된 모든 것의 핵심이 아니라 교회 예배에 추가된 다소 이상한 의식에 지나지 않는다고 생각된다면 우리는 교회의 핵심을 놓치고 있는 셈이다.

교제

하나님의 성령이 교회에 능력으로 임재하신 후로 그들은 교제에 힘을 썼다. 서로에게 헌신했고 이런 헌신은 하나님이 함께하시지 않으면 불가능했다. 우리는 절대 이런 교제를 가볍게 여겨서는 안 된다. 실제로 본서의 다음 장은 이 개념을 다루는 데 전부를 할애할 것이다. 그러므로 교제에 대해서는 여기서 잠시 멈추고 다음 요소를 살펴보도록 하겠다.

기도

오로지 기도만을 목적으로 함께 모였던 마지막 시간을 기억하는가? 개인적으로는 식사를 하기 전에만 기도를 하거나 교회에서 설교를 끝내고 밴드가 무대로 올라오는 동안에만 기도를 드리고 있지는 않은가?

　기도가 교회에서 의미 있는 역할을 하고 있는가? 기도가 교회에 중요하지 않다면 교회 역시 꼭 필요하지 않을 것이다. 이런 지적이 지나치다고 생각될지 모르지만 나는 이것이 사실이라고 믿는다. 매일 집중적으로 기도하지 않고 교회의 사명을 감당하고 있다면 당신은 사명을 제대로 감당하지 않고 있는 것이며 교회는 현실의 삶에 답을 줄 수 없다.

초대 교회는 기도에 전념했다. 그들은 기도 없이 살아갈 수 없음을 알았다. 하나님이 함께하시지 않으면 절대 그들에게 맡기신 사명을 성취할 수 없었다. 그래서 그들은 끊임없이 함께 무릎을 꿇었다.

> 빌기를 다하매 모인 곳이 진동하더니 무리가 다
> 성령이 충만하여 담대히 하나님의 말씀을 전하니라
> (행 4:31)

사도행전 4장에서 초대 그리스도인들은 기적과 표적과 담대함을 구하는 기도를 막 마친 상태였다. 기도를 마친 직후에 바로 땅이 흔들리는 역사가 일어났고 그들은 담대히 말씀을 전하였다. 이런 기도를 시도해 보고 싶지 않은가? 이들과 비교하면 '교회 활동'이 매우 지루하게 생각되지 않은가? 기도하고 담대하게 섬길 준비가 된 초대 교인들의 모습을 우리는 어떻게 받아들이게 되는가? 나는 초자연적 응답을 바라며 같은 마음을 가진 사람들과 간절히 기도하고 싶은 갈망이 우리 마음 깊은 곳에 분명히 있을 것이라고 믿는다.

더 나은 경험

하나님은 교회에게 말씀과 교제와 성만찬과 기도에 전념하라고 명령하셨다. 왜 이런 명령을 주셨는가? 자기 백성들이 그분을 경험하기를 원하셨기 때문이다. 우리가 상상할 수 있는 그 어떤 존재와 비교할 수 없을 정도로 무한하신 그분, 우주의 창조주이신 그분은 우리와 친밀하게 교제하기를 바라고 계신다. 하나님은 우리에게 그분을 찾으며 만날 로드맵을 주셨다. 하지만 우리는 더 나은 계획이 있다고 생각하고 그것을 내버렸다. 얼마나 어리석은 일인지 알겠는가?

우리가 할 일은 하나님을 사람들에게 드러내는 것이다. 그분은 말씀과 교제와 성찬과 기도로 우리 가운데 함께하신다. 우리가 할 일은 우리를 위한 단합 대회를 열기보다 오직 그분을 드러내고 사람들이 그분에게 나아오도록 역사하시는 모습을 지켜보는 것이다. 사람들이 하나님께 관심을 보이지 않을 경우 우리는 다른 수단으로 그들의 관심을 유도하려고 노력한다. 도대체 이렇게 해서 우리가 이루고자 하는 것은 무엇인가? 우리는 모든 사람이 다 하나님께 관심을 갖지 않는다는 점을 받아들여야 한다. 우리가 드러내려고 하는 분은 실제로 하나님이라는 것을 확실히 해야 한다. 그렇지 않을 경우 우리는 오직 우리에게 매료당한 사람들이 예배에 출석하도록 하는 위험을 자초할 수 있다.

생일 파티

나는 딸에게 케이크만 나오는 생일 파티에 친구들이 몇 명이나 올 것 같은지 물어본 적이 있다. 재미있는 게임도 없고 오락도 없다. 친구들은 딸과 함께 시간을 보내고 생일을 축하해 주기 위해 우리 집에 선물을 가져올 수도 있지만 우리는 케이크를 나누어 먹는 것 외에 아무것도 줄 것이 없다. 딸은 잠시 생각하더니 "아마 단 두 사람밖에 오지 않을 것 같아요"라고 대답했다. 그런 다음 데이브 앤 버스터즈(오락실과 식당을 합쳐 놓은 엔터테인먼트 레스토랑—역주)를 빌리고 게임 머니와 음식과 쿠폰을 무한정 사용할 수 있게 한다면 얼마나 올 수 있을지 물었다. 딸은 싱긋 웃더니 학교 아이들이 모두 올 것이라고 자신 있게 말했다.

그렇다면 딸의 생일 파티를 위해 비디오 아케이드(데이브 앤 버스터즈 오락실—역주)를 빌리고 학교의 학생들이 전부 왔다고 가정해 보자. 아이들은 흥분해서 환호성을 지르며 신나는 시간을 보낸다. 파티가 진행되는 동안 딸을 따로 불러내어 안아 주며 "너와 함께 있으려고 온 저 친구들을 보렴"이라고 말한다고 생각해 보라. 딸아이는 그 친구들이 그녀를 사랑하고 그녀와 함께하고 싶어서 그곳에 참석했다고 실제로 믿겠는가? 아니면 나의 말에 오히려 모욕감을 느끼겠는가?

쉽게 말해 우리가 바로 이런 짓을 하나님께 하고 있지는 않는가? 우리는 훌륭한 강사나 밴드를 섭외하면 교회당에 사람들을 채울 수 있다고 배웠다. 흥미로운 상황을 조성하면 사람들이 올 것이다. 우리는 "하나님, 당신과 함께하고 싶어서 온 사람들이 얼마나 많은지 보세요"라고 말한다. 그러나 이런 말에 하나님이 정말 농락당하실 것이라고 생각하는가? 하나님이 기뻐하실 것이라고 생각하는가? 하나님은 그냥 당신이 그곳에 계신다는 이유만으로 교회를 찾는 사람들이 얼마나 될지 알고 계신다. 우리가 성만찬이나 기도 외에 줄 것이 아무것도 없다고 한다면 오직 소수만이 참여할 것임을 알고 계신다.

우리는 대부분 선한 의도로 이런 시도를 할 것이다. 우리는 사람들이 주님의 잔치에 참석하도록 노력하고 있을 뿐이다. 그러나 성경에 기록된 모든 말씀에 비추어 볼 때 예수님이 정말 이런 노력을 원하신다고 생각하는가? 하나님이 그 뜻을 관철시키려고 하실 경우, 즐기는 데 필사적인 교회들을 정말 원하실 것 같은가? 설령 사람들의 수가 훨씬 줄어든다 하더라도 사람들이 교회를 찾는 이유가 하나님 자신이기를 원하시지 않겠는가? 나아가 예수님이 진심으로 원하시는 것이 사람들로 교회당을 가득 채운 예배라고 생각하는가? 우리의 현대 모델들은 이것을 직접적인 목표로 설정하고 이 목표를 달성하는 데 주력하는 것 같다. 마이크 브린(Mike Breen)은 "우리는 대부분 교회의 일에 상당히 능숙하다. 그러나 예수님이 관심을 가지시는 유일한 대상은 제자들이며 예수님이 세고 계시는 유일한 수는 제자들의 수이다. 교인 수나 예산이나 건물에 대해서는 관심이 별로 없으시다"라고 말했다.[4]

말라기는 하나님의 백성들이 예배를 지겨워할 정도로 타락했음을 보여 준다. 하나님은 이런 그들을 용납하실 수 없었다. 말라기 선지자가 사람들에게 참된 예배의 열정과 헌신과 제사를 회복하도록 요청하자 그들은 "이 일이 얼마나 번거로운고"라는 말로 응수했다(말 1:13). 그들은 예배를 명예가 아니라 의무로 보았다. 오늘날 우리가 이런 지적을 받는다면 다음과 같이 반응할 것이다. "사람들이 얼마나 지루하게 생각하는지 보세요. 더 흥미롭고 즐거운 예배 시간이 되었으면 좋겠어요. 그러면 모두 정말 흡족하게 생각할 겁니다."

그러나 하나님의 반응은 매우 달랐다. 하나님은 그들의 그런 말에 큰 모욕감을 느끼시고 차라리 교회 문을 완전히 닫는 편이 낫다고 생각하셨다.

> 만군의 여호와가 이르노라 너희가 내 제단 위에
> 헛되이 불사르지 못하게 하기 위하여 너희 중에
> 성전 문을 닫을 자가 있었으면 좋겠도다
> 내가 너희를 기뻐하지 아니하며
> 너희가 손으로 드리는 것을 받지도 아니하리라
> 만군의 여호와가 이르노라
> 해 뜨는 곳에서부터 해 지는 곳까지의
> 이방 민족 중에서 내 이름이 크게 될 것이라
> 각처에서 내 이름을 위하여 분향하며
> 깨끗한 제물을 드리니 이는 내 이름이
> 이방 민족 중에서 크게 될 것임이니라
> (말 1:10-11)

하나님과 게임을 그만두라. 차라리 문을 닫아라. 이 모든 행동이 오히려 하나님을 모독하는 짓이다(말 2:3 참고).

오래 전에 인도 출신의 친구가 나를 태우고 달라스의 약속된 강연장으로 간 적이 있었다. 강연장의 음악을 듣고 조명을 보자 그는 이렇게 말했다. "당신네 미국인들은 참 재미있네요. 좋은 강사나 밴드가 없으면 오지 않잖아요. 인도에서는 그냥 기도한다고 해도 교인들이 기대하며 기다립니다." 이어서 그는 고향의 그리스도인들이 성찬을 얼마나 간절한 마음으로 기다리며 단순한 기도 모임에도 얼마나 많이 참석하는지 이야기해 주었다. 나는 하나님이 지구를 내려다보시는 것을 상상했다. 그리고 기도 모임이 있을 때마다 지구 한쪽에 있는 사람들이 기대에 차서 모이는 모습을 보고 계시는 것을 상상했다. 반면 지구의 또 다른 한쪽에서는 사람들이 오직 아주 탁월한 유명 인사가 오거나 흥미를 느낄 분위기가 조성되어야만 참석한다. 참 부끄러운 일이다.

데이비드 플랫(David Platt)도 비슷한 말을 했다. "예배에 최대한 많은 사람들이 참석할 수 있도록 적절한 강사와 딱 맞아떨어지는 음악가를 초빙하는 일에 골몰하는 우리 모습을 보고 나는 적잖이 충격을 받았다. 그러나 그날 가르치는 강사나 찬양 담당이 누군지에 상관없이 교회 자체를 보고, 다시 말해 한곳에 모인 하나님의 백성들을 보고 사람들이 모인다면 어떻게 되겠는가? 전 세계의 형제자매들은 이것으로 충분하다."[5]

하나님이 말라기를 통해서 말씀하셨듯이 전심으로 하나님을 예배하는 자들은 항상 있을 것이다. 하나님은 절박하시지 않다.

그러나 하나님은 그분의 모든 자녀가 교회를 통해 그분의 충만함을 경험하기를 원하시며 그 방법을 알려 주시기 위해 우리에게 그분의 말씀을 주셨다.

여호와 하나님께 감히 입을 열어 말하는 것이 얼마나 두려운 일인지 알고 떨며 아무 말도 하지 못한 채 엎드린 신자들의 모습을 상상해 보자. 소모임들과 많은 무리들이 단순히 기도할 목적으로 간절한 기대감을 안고 나아오는 모습을 그려 보자. 이런 일이 심지어 미국에서도 가능하다.

거룩한 교제를 나누기 위해 집집마다 다니는 사람들을 상상해 보자. 어떤 이들은 감격해서 눈물을 터뜨리고 어떤 이들은 큰 소리로 찬양하며 무덤덤한 이들은 한 명도 보이지 않는다. 어떤 사람은 그리스도의 피 흘리시는 모습에 하나님 아버지의 피눈물 나는 고통을 생각하며 우리를 위해 희생하신 하나님을 찬양한다. 또 어떤 사람은 그분의 살과 피를 먹고 마시며 완전한 하나 됨을 이루는 성도들을 보고 놀라 아무 말도 하지 못하고 앉아 있다. 또 어떤 이는 칠흑처럼 검은 죄를 완전히 깨끗하게 해 주심을 체험하고 기쁨을 이기지 못하고 외친다.

성경 말씀을 낭독할 때 그 말씀에 두려워 떠는 무리들을 생각해 보라. 사람들은 의자 끝에 겨우 엉덩이를 걸친 채 마땅히 돌려드려야 할 영광을 하나님의 말씀에 돌려드린다. 누가 그 말씀을 낭독하는지는 조금도 중요하지 않다. 그들의 마음을 사로잡는 것은 오직 성경 말씀이다. 필요하면 말씀에 대한 해석을 요청하지만 사람들은 주로 회개하고 찬양하기 위해 진리를 듣는 데 집중한다.

사람들이 하나님과 교제하며 나아가 서로와 완전히 하나를 이루는 참된 교제의 공동체를 상상해 보라. 하나님과 인간이 나란히 걸으며 친교를 나누었던 에덴을 생각해 보라. 모든 관계의 중심에 그리스도께서 계신다. 천국에서처럼 저마다 다르지만 경이로운 마음으로 함께 그분을 바라보는 사람들을 하나로 모으시는 그분의 모습을 상상해 보라.

4. 갱단에게서 배우는 교훈

우리는 일요일 아침에 사람들이 특정 건물로 찾아가서 한 시간 짜리 예배에 참석하고 스스로를 교회의 지체라고 부르는 시대에 살고 있다.

이런 말이 충격적으로 들리는가? 물론 아닐 것이다. 너무나 일상적인 우리 모습이기 때문이다. 우리는 어릴 때부터 이런 모습을 익숙하게 보며 자랐다. 우리는 제대로 된 그리스도인은 교회에 꾸준히 다닌다고 말한다.

그러나 신약 성경을 읽어 보았는가? 우리가 만들어낸 방식과 조금이라도 비슷한 내용을 성경에서 읽어 본 적이 있는가? 교회에 '가는' 사람을 본 적이 있는가?

바울과 베드로가 오늘날 우리처럼 대화를 나눈다고 상상해 보라. "베드로 선생, 지금 어느 교회로 가시는 겁니까?"

"저는 더 리버 교회에 갑니다. 음악이 멋지고 어린이 프로그램이 특히 마음에 듭니다."

"좋네요. 다음 주일에 당신의 교회를 한번 살펴보러 가도 되겠습니까? 지금 다니는 교회는 썩 마음에 들지 않네요."

"물론이죠. 그런데 아들 매튜가 축구 시합이 있어서 다음 주일은 제가 참석을 못 합니다. 그다음 주는 어떨까요?"

"좋습니다. 그런데 싱글 모임이 있습니까?"

바울과 베드로가 이런 식의 대화를 나눈다고 생각하면 우습다. 그러나 오늘날 그리스도인들이 나누는 일반적인 대화가 바로 이런 식이다. 왜 이런 지경이 되었는가? 어디서부터 지적해야 할지 모를 정도로 위의 대화는 너무나 많은 부분에서 문제가 있다. 교회의 거룩한 신비를 한 시간짜리 예배로 축소시켜 버린 사실은 아찔할 정도로 심각한 문제이다. 그러나 오랫동안 나는 바로 이런 식으로 교회를 규정해 왔다. 어떤 점이 문제인지도 몰랐다. 모두가 이렇게 하기에 나 역시 이런 현실에 대해 아무런 문제의식이 없었다.

갱단과 교회의 유사성

이렇게 생각해 보자. 우리 교회의 장로 중 한 분인 롭은 인생의 대부분을 갱단에서 활동하며 지냈다. 그러다가 감옥에 수감된 후 독방 생활을 하던 중에 예수님과 극적으로 만났다. 지금 그는 내가 아는 한 사랑을 실천하는 데 가장 열심인 사람 중에 한 분이다. 실제로 내가 아는 사람 중에 이분처럼 예수님과 이웃을 뜨

겹게 사랑하는 이는 본 적이 없다고 분명하게 말할 수 있다.

롭은 갱단 생활과 관련된 이야기들과 그리스도의 몸에 합류하기 위해 갱단을 떠날 때 느꼈던 두려움을 이야기해 준다. 감옥에서 그리스도인이 된 사실을 알렸다면 자살 행위나 마찬가지였을 것이다. 갱단과 어렵게 결별해야 했을 것이고 갱들은 그렇게 자기 무리에서 이탈하는 사람을 순순히 떠나게 두지 않는다. 그러나 주님이 개입하셔서 그의 목숨을 구해 주셨다. 그가 두려워한 것은 단순히 육체적 고문이나 죽음이 아니었다. 사랑하는 이들에게 거부당하는 것이 더 두려웠다. 갱들은 그의 가족이나 마찬가지였다. 그들은 하루 스물네 시간 그를 지켜주는 사랑하는 친구이자 충직한 동료였다. 같은 갱단이라는 동지애와 사랑이 있었고 어린 시절부터 그는 이런 가족적인 분위기를 좋아했다. 이제 그런 관계들을 잃게 될 것이고 그들 모두에게 미움을 받게 될 것이다.

롭이 들려주는 갱단 생활을 듣고 있노라면 많은 부분에서 원래 교회가 지녀야 하는 모습과 흡사하다는 생각이 든다. 물론 중요한 차이점들이 존재한다(마약, 살인 같은 것들). 하지만 '한 가족'이라는 개념은 갱단 생활뿐 아니라 교회에 대한 하나님의 계획에서도 핵심을 이룬다. 가족과 관련된 용어를 교회에서도 사용하고 있지만 롭의 이야기를 들으면 갱들이 교회보다 한 가족을 이룬다는 것이 어떤 의미인지 훨씬 더 확고한 의식을 가지고 있다는 확신이 든다.

갱단에 대해 파악한 사실들에 비추어 볼 때 갱단 생활이 일주일에 한 시간의 모임으로 축소되는 것을 상상이나 할 수 있겠는가? 어떤 경우에라도 일주일에 한 번 짧게 만나고 갱단 모임에 참석했다고 하지는 않을 것이다. 한 갱단이 다른 갱단에게 다가가서 "갱단 생활 어땠어? 이번 주에는 생활이 너무 바빠서 참석하지 못했잖아!"라고 말한다고 생각해 보라.

　우리는 모두 갱의 이런 모습이 말도 되지 않는다는 것을 안다. 매주 우리는 교인들이 서로 "교회 생활은 어땠어?"라고 묻는 소리를 듣는다. 하나님께서 하나의 가족처럼 역할을 하도록 계획하셨던 모임이 일주일에 한 번 모이는 모임으로 축소되었고 이것이 정상처럼 받아들여지게 되었다. 누구나 다 아는 사실이다. 하지만 어쩌다가 우리가 이런 지경이 되었는가? 갱들은 모두 자기 동료들이 자신을 응원하고 지지해 준다고 말할 것이다. 그들은 서로가 필요하면 언제라도 곁을 지키며 함께해 준다. 서로에게 충실하고 헌신적이며 생사고락을 함께 나눈다. 이에 반해 많은 교회의 경우, 원래 영적 가족이어야 할 사람들과 관계를 맺고 소통하는 수준이 서로 모르는 두 사람이 같은 영화관에서 영화를 보는 것처럼 서먹서먹하다.

초자연적인 사랑

교회가 가족과 같아야 한다는 말이 단순히 듣기 좋은 상투적 표현이라고 생각하는가? 내 말은 교회가 가족이 되어야 한다는 개념은 매우 중요하다는 것이다. 하지만 가족은 자연스러워서 가족이다. 하나님은 정말 아무 관계가 없는 사람들, 친구가 되려고 하지도 않을 사람들과 이렇게 가까워지기를 원하시는가? 가족과 가까워지는 것은 자연스럽지만 함께하기 어려운 사람들과 이런 친밀함을 나누는 경험은 지극히 부자연스럽다. 그러나 바로 그것이 핵심이다! 자연스럽지 않아야 하는 것이다. 다시 말해 초자연적이어야 하는 것이다.

> 새 계명을 너희에게 주노니 서로 사랑하라
> 내가 너희를 사랑한 것같이 너희도 서로 사랑하라
> 너희가 서로 사랑하면 이로써 모든 사람이
> 너희가 내 제자인 줄 알리라
> (요 13:34-35)

신약은 교회가 사랑으로 그 정체성을 확증해야 한다는 점을 분명히 하고 있다. 예수님은 서로를 위한 우리의 사랑으로 세상의 관심이 교회에 집중되도록 해야 한다고 말씀하셨다. 그러나 미국이라는 나라에서 지체들이 서로를 사랑함으로 유명해진 교회를 한 곳이라도 언급할 수 있는가? 뜨거운 열정이나 강력한 설교 혹은 예배, 영상제작기술로 유명한 교회들은 분명히 떠올릴 수 있으리라 생각한다. 하지만 초자연적인 사랑으로 유명해진 교회의 이름을 말할 수 있는가?

'서로'라는 구절이 신약에서 100번 넘게 언급되었음에도(서로 사랑하라, 서로 돌보라, 서로를 위해 기도하라, 서로 훈계하라 등) 서로를 돌보고 사랑하기 때문에 유명한 교회를 한 곳도 떠올릴 수 없는 이유는 무엇인가? 하나님은 분명히 이 부분에 관심을 갖고 계신다. 그렇다면 우리는 왜 그렇게 하지 않는가? 코너스톤 교회의 리더로서 우리는 사람들이 우리 집회에 참석했을 때 초자연적인 사랑을 체감하고 있는지 자문해 본 적이 있다. 우리에게 사랑이 전혀 없다고는 할 수 없었다. 다만 두드러지지 않을 뿐이었다. 솔직히 말해 우리 안의 사랑은 성령에게서 기인한 사랑이 아니었다.

이 지점에서 이렇게 생각할 사람도 있을 것이다. '그건 프랜시스가 교회에서 한 경험이잖아. 나는 서로에 대한 사랑이 극진한 교회에 다니고 있어. 아마 코너스톤에서 그가 경험한 것보다 훨씬 더 깊은 사랑일 거야.' 일리 있는 지적이다. 하지만 미국 교회에 한정할 경우 코너스톤 교회는 서로에 대한 사랑의 수준이 상당히 높은 편에 속한다고 할 수 있었다. 우리는 서로와 함께하는 시간을 정말 좋아했고, 멋진 활약상을 보여 준 훌륭한 소모임들도 적지 않았을 뿐 아니라, 우리가 속해 있는 지역과 나아가 세계 곳곳의 가난한 사람들을 꾸준히 섬겼다. 우리는 사랑이 풍성한 멋진 교회였고 성령의 감동을 받은 사랑의 행동을 분명히 목격하는 행운을 누렸다. 두드러지는 몇 가지 예외를 제외하면 우리는 성경에서 본 것을 단순히 경험하는 차원에서 머무르지 않았다.

나를 포함한 장로들은 길 건너 교회보다 높은 수준의 사랑을 실천하는 정도로 만족하지 않았다. 우리는 성경적 사랑을 갈구하고 있었다. 우리의 사랑이 동료 직원들과 이웃에게서 받았던 사랑에서 벗어나지 못하는 일반적인 수준에 머물러 있다고 생각했다. 때로 우리는 성급하게 우리 교회의 경험을 '기독교적 사랑'이라고 이름 붙이기도 한다. 예수님은 죄인들도 서로를 사랑하는 법을 알고 있음을 분명히 하셨다(눅 6:32-34). 레스토랑에서 일해 본 적이 있는가? 아니면 체육관에 등록을 했거나 자녀들의 스포츠 경기에서 다른 부모들과 함께 한마음으로 응원을 해본 적이 있는가? 지금 교회에서 경험하는 사랑이 정말 그들과 다르다고 자신하는가? 교회가 세상과 달라야 하는 것은 당연한 것이다.

예수님은 "내가 너희를 사랑한 것같이 너희도 서로 사랑하라"(요 13:34)라고 말씀하셨다. 우리를 위해 고통당하시고 죽임당하신 우리 왕은 우리도 그와 같이 서로를 사랑하라고 말씀하신다. 그리스도께서 우리를 사랑하신 것처럼 다른 그리스도인을 희생적이고 이타적으로 사랑하겠다고 생각해 본 적이 있는가? 그리스도인 형제나 자매를 아무 이기심 없이 대하며 어떤 대가가 따르더라도 생명으로 인도하기를 간절히 원했던 때가 마지막으로 언제인가?

교회 교인들 중 몇 사람을 생각해 보라. 그들의 얼굴을 떠올려 보라. 이제 예수님께서 그 사람들을 그분에게 나아오도록 하기 위해 어떤 희생을 치르셨는지 생각해 보라. 그들이 죄를 용서받을 수 있도록 그분이 어떤 채찍질을 견디셨는지 생각해 보라. 십자가에 달리실 때 그 사람들 각각에 대해 어떻게 생각하셨을지 상상해 보라. 주님에 비하면 우리가 치르는 그 어떤 희생도

크다고 할 수 없다. 그분은 아무것도 아끼지 않으셨다. 그 사람들을 구속하시고 고치시며 변화시키기 위해서 필요한 모든 일을 하셨다.

우리를 위해서도 동일한 일을 해주셨다. 그러니 스스로에게 물어보라. 하나님은 우리가 누구를 뒤따르기를 원하시는가? 어떤 이들과 더 많은 시간을 보내기를 원하시는가? 예수님은 그들을 위해 궁극의 희생을 치르셨다. 그런데 우리가 무엇이 아깝겠는가? 예수님은 하늘을 떠나 땅까지 그 사람들을 쫓아오셔서 그분의 가족으로 삼아 주셨다. 그렇다면 그들과 깊은 가족 관계를 추구하는 데 우리를 가로막을 방해물이 어디 있겠는가?

우리는 우주에서 가장 위대한 사랑을 경험했다. 그렇다면 우리 역시 그런 심오한 사랑을 베풀어야 마땅하지 않겠는가? 그렇게 해서 세상이 놀랄 만한 사랑을 보여 주어야 하지 않겠는가?

> 사랑하는 자들아 우리가 서로 사랑하자
> 사랑은 하나님께 속한 것이니 사랑하는 자마다
> 하나님으로부터 나서 하나님을 알고 사랑하지
> 아니하는 자는 하나님을 알지 못하나니
> 이는 하나님은 사랑이심이라 하나님의 사랑이
> 우리에게 이렇게 나타난 바 되었으니
> 하나님이 자기의 독생자를 세상에 보내심은
> 그로 말미암아 우리를 살리려 하심이라

> 사랑은 여기 있으니 우리가 하나님을
> 사랑한 것이 아니요 하나님이 우리를 사랑하사
> 우리 죄를 속하기 위하여 화목제물로
> 그 아들을 보내셨음이라 사랑하는 자들아
> 하나님이 이같이 우리를 사랑하셨은즉 우리도 서로
> 사랑하는 것이 마땅하도다 어느 때나 하나님을
> 본 사람이 없으되 만일 우리가 서로 사랑하면
> 하나님이 우리 안에 거하시고 그의 사랑이
> 우리 안에 온전히 이루어지느니라
>
> (요일 4:7-12)

위의 말씀을 이해했는가? 이 말씀에는 우리가 서로 사랑하면 하나님이 우리 안에 거하시고 그분의 사랑이 우리 안에 온전히 이루어진다는 약속이 포함되어 있다. 세상에서 이것보다 더 바라는 것이 있는가? 하지만 우리는 이 말씀이 진리가 아닌 것처럼 살아간다. 이런 우리 모습을 생각하면 가슴이 너무나 아프다. 이 구절에는 사랑하지 않는 자는 하나님을 알지 못한다는 심각한 경고도 포함되어 있다. 우리 교회들에 대해 이 경고가 주는 의미는 무엇인가? 서로 사랑하는 것의 중요성은 성경 전반에 걸쳐 계속 강조되고 있다(롬 12:9-10; 고전 13장; 벧전 4:8 등). 나는 우리에게 사랑이 부족해서 너무나 특별한 것을 놓치고 있다는 생각을 떨쳐버릴 수가 없다.

초자연적인 하나 됨

예수님은 십자가로 나아가시면서 땀이 피가 될 정도로 간절하게 기도를 드리셨다. 이 기도는 제자들을 위한 기도였고 예수님의 이 기도 내용 중 일부는 나의 신앙에 큰 도전이 되었다.

> 내가 비옵는 것은 이 사람들만 위함이 아니요
> 또 그들의 말로 말미암아 나를 믿는 사람들도 위함이니
> 아버지여, 아버지께서 내 안에, 내가 아버지 안에
> 있는 것같이 그들도 다 하나가 되어 우리 안에 있게 하사
> 세상으로 아버지께서 나를 보내신 것을 믿게 하옵소서
> 내게 주신 영광을 내가 그들에게 주었사오니
> 이는 우리가 하나가 된 것같이
> 그들도 하나가 되게 하려 함이니이다
> 곧 내가 그들 안에 있고 아버지께서 내 안에 계시어
> 그들로 온전함을 이루어 하나가 되게 하려 함은
> 아버지께서 나를 보내신 것과
> 또 나를 사랑하심같이 그들도 사랑하신 것을
> 세상으로 알게 하려 함이로소이다
>
> (요 17:20-23)

예수님은 아버지와 아들이 하나 된 것처럼 그의 제자들이 하나 되게 해달라고 구하셨다. 주님은 아버지와 아들이 하나가 되었듯이 우리가 하나 되기를 원하신다. 교인들과 이런 하나 됨

을 추구해야 한다는 고민을 해본 적이 있는가?

이런 하나 됨이 가능하다고 믿기는 하는가?

이 부분은 좀 더 다루어 보도록 하자. 예수님은 우리가 아무 문제없이 형통하며 교회가 분열되지 않게 해달라고 기도하시지 않았다. 우리가 '완전히 하나 되게' 해달라고 기도하셨다. 이렇게 하나 되게 해달라고 기도하신 이유는 우리의 하나 됨이 예수님이 메시아이심을 증명하는 방법이었기 때문이다. 우리의 하나 됨에 대한 예수님의 목표는 "아버지께서 나를 보내신 것과 또 나를 사랑하심같이 그들도 사랑하신 것을 세상으로 알게 하려" 함이었다.

어떤 사람들은 이런 기도가 도무지 이해가 되지 않는다. 우리가 하나 된다고 해서 어떻게 세상이 믿음을 가질 수 있다는 말인가? 우리가 서로 사랑하는 모습을 보고 어떻게 누군가가 예수님이 진정으로 하늘에서 오셨음을 믿게 된다는 것인가? 이것은 마치 2 더하기 2는 1000이라고 말하는 것처럼 들린다. 성경은 불가능한 방정식으로 가득하다는 것을 기억하라. 성읍을 일곱 번 돈다고 성벽이 무너질 것 같지는 않았지만 실제로 그 일은 일어났다(수 6장). 교회의 하나 됨이 사람들이 구원을 받는 결과로 이어지지 않을 것 같지만 실제로 그런 일이 일어났다(행 2:44-47).

그들은 하나 되었고 그 결과 사람들이 구원을 받았다. 사도행전은 그들의 하나 됨의 정도를 다음과 같이 기술하고 있다.

믿는 무리가 한마음과 한 뜻이 되어 모든 물건을
서로 통용하고 자기 재물을 조금이라도 자기 것이라
하는 이가 하나도 없더라 사도들이 큰 권능으로
주 예수의 부활을 증언하니 무리가 큰 은혜를 받아
그 중에 가난한 사람이 없으니 이는
밭과 집 있는 자는 팔아 그 판 것의 값을 가져다가
사도들의 발 앞에 두매 그들이 각 사람의
필요를 따라 나누어 줌이라

(행 4:32-35)

당신은 어떨지 모르지만 나는 이 구절을 읽을 때마다 큰 감동을 받는다. 초대 교회는 너무나 아름답고 매력적으로 보였다. 세상 사람들은 바로 이런 사랑을 보고 우리의 메시지를 받아들인다. 성경은 분명하다. 우리의 하나 됨과 우리 메시지의 신뢰성은 실제적으로 관계가 있다. 우리가 잃어버린 자들을 찾는 데 진정으로 관심이 있다면 진심으로 하나 됨을 추구해야 한다.

오직 너희는 그리스도의 복음에 합당하게 생활하라
이는 내가 너희에게 가 보나 떠나 있으나 너희가
한마음으로 서서 한 뜻으로 복음의 신앙을 위하여
협력하는 것과 무슨 일에든지 대적하는 자들 때문에
두려워하지 아니하는 이 일을 듣고자 함이라 이것이
그들에게는 멸망의 증거요 너희에게는 구원의

증거니 이는 하나님께로부터 난 것이라

(빌 1:27-28)

위의 구절들을 건너뛰고 읽지 않았다면 부디 다시 가서 읽기 바란다. 그런 다음 한 번 더 꼼꼼히 읽으라. 말미에 있는 약속을 눈여겨보라. 우리의 두려움 없는 하나 됨은 "[그리스도인들을 대적하는 자들]에게는 멸망의 증거"이다. 우리는 하나님의 진노를 믿는 자들이 거의 없는 시대에 살고 있다. 우리가 아는 극악한 자들이라도 문자 그대로의 심판의 날을 전혀 두려워하지 않는다. 누군가에게 그들을 기다리고 있을 파멸의 날에 대해 설득해 본 적이 있는가? 결코 쉬운 일이 아니다. 그러나 성경은 우리의 두려움 없는 하나 됨으로 그들을 설득시킬 수 있다고 말한다.

이런 약속들을 진지하게 받아들이고 하나 됨을 추구하는 데 힘을 쏟아야 할 때는 언제인가? 서로 논쟁을 피하는 수준의 하나 됨을 말하는 것이 아니라 한 가족으로서 진정으로 삶을 함께 나누는 수준의 하나 됨을 말한다. 서로의 필요를 충족시켜 주고 얼마나 시간이 걸리든지 혹은 얼마의 노력이 필요하든지 상관없이 서로를 돌봐주는 하나 됨이다. 하나 됨은 거저 이루어지지 않는다. 한 가족이 한 곳에 함께 있기 위해 요구되는 것들을 생각해 보라. 온갖 섬김의 노력, 끊임없이 베풀어야 하는 용서와 은혜, 다른 사람의 욕구를 위해 누군가는 자신의 욕구를 사랑으로 내려놓아야 하는 그 모든 시간을 생각해 보라. 하나 됨에 대해 말하기는 쉽지만, 우리의 교회에서는 거의 찾아보기 어려운 상호 헌신이 꼭 필요하다. 이런 일이 실제로 이루어지는 것을 보고 싶다면 어떤 대가를 치러야 하는지 살펴보고 헌신할지 말지를 결정해야 한다. 당신은 어떨지 모르지만 개인적으로 나의 경우는 이런 일이 절대 자연스럽게 되지 않는다. 나는 내향적인 성격으로 소수의 가까운 친구들과 함께 있을 때 행복하다. 순종은 종종 우리의 본능적 욕망과 상충하지만, 우리가 자연스럽다고 느낄 때만 순종한다면 예수님을 우리 인생의 진정한 주님으로 모시지 못할 것이다. 그러나 순종은 종종 예상치 못한 축복을 가져온다. 비로소 형제자매들과 진정한 하나 됨이 무엇인지 알아가는 지금, 나는 더 이상 이전처럼 살고 싶은 생각이 조금도 없다.

교회가 한 가족처럼 살도록 독려하는 일을 일종의 책략이나 재미로 시도하는 '교회'의 취향으로 치부해서는 안 된다. 그것은 명령이다. 그리고 제안이다. 교회를 진심으로 하나 되고 초자연적으로 사랑하는 가족으로 가꾸어가는 일은 하나님의 뜻이다. 하나님께는 무엇이든지 가능하다는 것을 믿는가? 교회를 위한 하나님의 계획이 가장 효과적이라는 것을 믿는가?

우리는 하나 됨이 효과적인 방법이라는 하나님의 약속에도 불구하고 잃어버린 자들에게 다가가기 위한 수많은 전략들을 고안했다. 한번 생각해 보자. 하나님은 우리가 세상에 복음을 전할 방법에 대해 여러 지침을 주셨다. 하지만 우리는 하나님이 우리에게 주신 중요한 한 가지 지침을 포기해 버리고 오히려 하나님이 우리에게 주신 전략을 실행하는 데 아무 도움이 되지 않는 강연과 프로그램과 행사를 계획하느라 분주하다.

하나 됨을 포기했는가?

초대 교회의 하나 됨에 대한 글을 읽을 때 부럽다는 생각이 들지 않는가? 2천 년 전에 태어났더라면 이런 공동체의 일원이 될 수 있었으리라는 아쉬움이 마음 한편에 가득 생길지도 모른다. 바로 이런 공동체를 늘 꿈꾸어왔지만 오늘날 일반적인 미국 교회에서 이런 공동체를 발견하기란 불가능하다는 현실로 인해 더욱 깊은 낙심에 빠질 수도 있다.

슬프게도 오늘날 우리 교회들에서 이런 모습은 조금도 찾아보기 어렵다. 우리 스스로도 이런 공동체가 가능하다는 사실을 믿지 못한다는 것이 처참하기까지 하다.

오늘날 많은 사람들이 교회를 떠나기로 결정하고 있다. 예수님을 향한 사랑은 여전하지만 교회는 예수님을 사랑하는 데 도리어 방해가 될 뿐이라고 생각한다. 이 시대는 예수님과 친밀한 관계를 원하는 사람들이 오히려 교회를 포기하고 떠나가는 슬픈 시대이다.

디모데전서에는 바울이 믿음을 저버린 두 사람에 대해 이야기하는 무서운 구절이 나온다. 바울은 그들을 사탄에게 넘겨주었다고 말한다. 다시 말해서 그들을 출교시켰다는 것이다(딤전 1:20). 무엇보다 이 사람들은 하나님의 역사를 적극적으로 거부하고 있었고, 이에 대해 바울은 아무 일도 아닌 것처럼 무심하게 넘어가지 않는다. 바울은 성도들의 교제라는 안전한 울타리와 축복의 그늘에서 이들을 쫓아내야 했다. 교회와 분리되는 비참함을 겪게 함으로 그들을 회개의 길로 인도하기를 원했던 것이다. 이런 조치가 지닌 중대한 의미를 이해했는가? 바울은 교회에서 내보내는 것을 사탄에게 넘겨주는 것과 같은 의미라고 보고 있다. 그런데 사람들이 자발적으로 스스로에게 이런 일을 저지르고 있는 시대에 우리가 살고 있다니 통탄스러울 따름이다. 어떤 교회도 그들을 교회의 교제 밖으로 쫓아내지 않았다. 그들 스스로 자신들을 사탄에게 내어준 것이다!

당연하겠지만 진정한 사랑과 하나 됨의 축복은 교회 안에서 누려야 한다. 많은 사람들이 교회에서 이런 경험을 하지 못하기 때문에 스스로 나름의 자구책을 강구하고 있다. 예수님은 교회에서 우리가 누리는 초자연적인 하나 됨과 사랑을 세상이 보고 예수님을 믿을 것이라고 말씀하셨다. 그러나 우리는 이런 하나 됨과 사랑을 교회에서 경험하지 못하고 있다. 거의 자포자기하고 있으며 더 이상 이런 누림이 가능하다는 것도 믿지 않는다.

교회를 하나의 가족으로 설명하신 하나님의 말씀을 진지하게 받아들일 경우 어떤 일이 생기겠는가? 사람들이 열정적으로 예수님을 구하고 희생적으로 서로를 사랑하며 담대하게 복음을 전한다면 무슨 일이 일어나겠는가?

애석하게도 오늘날 교회에는 이렇게 서로 한 가족처럼 사랑하는 신앙을 실제로 삶에서 실천하는 데 관심이 없는 사람들이 너무나 많다. 듣고 싶지 않겠지만 한 가지를 지적하고 싶다. 그런 사람들이 교회를 떠나도록 한다면 어떻겠는가? 이런 말이 현대의 교회 성장 전략들과는 정면 배치된다는 것을 알고 있다. 하지만 그것은 바로 예수님이 하신 일이었다. 우리는 사람들이 천천히 기독교적 신앙에 익숙해지도록 배려하고 예배 참석률을 높이도록 하는 전략을 세우지만, 예수님은 아예 처음부터 그분을 따르는 대가를 계산해야 한다고 주장하셨다(눅 14:25-35). 그분을 따르는 자들에게 완벽을 기대하신 것이 아니라 헌신을 요구하셨다(눅 9:57-62). 교회가 요구하는 헌신적인 관계가 내키지 않아서 교회를 떠나는 사람들은 자신이 원하는 것을 제공할 수 있는 다른 교회를 찾을 것이다. 신약 시대처럼 요구가 너무 부담스럽게 느껴지면 언제든지 교회를 떠날 수 있는 사람들을 중심으로 교회 생활을 꾸려가서는 안 된다.

예수님은 어떤 것도 미화하거나 축소하여 말씀하시지 않았다. 대신 우리가 한 번도 경험하지 못한 방법으로 성령께서 우리를 하나 되게 해주신다고 약속하셨다. 우리는 사람들의 관심을 유발하고 예배를 흥미롭게 하는 데 노력을 집중하느라 성령께서 우리와 하나 되게 하시려는 사람들에 대해서는 거의 관심을 갖지 못했을지 모른다.

교회를 향한 예수님의 계획을 충실히 이행하고 그로 인해 교회가 계속 가지치기를 당해서 "내가 너희를 사랑한 것같이 너희도 서로 사랑하라"(요 15:12)는 명령에 순종하고자 하는 사람들만 남게 된다면 어떻게 되겠는가? 사실 가지치기를 한 나무가 더 많은 열매를 맺는다는 것을 우리는 확인할 수 있다(요 15:2). 열매를 맺지 못하는 가지들이 실제로 나무의 생명력을 다 빨아

먹고 있었음을 발견하는 것이다.

　단순히 이런 사람들이 떠나기를 기다리기보다 우리가 그들에게 먼저 떠나도록 요청하기를 하나님께서 원하실 때가 있다는 것을 잊지 말아야 한다. 이런 일을 감당하기란 결코 쉬운 일은 아니다. 헌신적으로 사랑해야 하는 교회를 오히려 이용하려고 하는 사람들이 있을 것이다. 가족처럼 서로를 사랑하기 위해서는 은혜와 용서가 필요하다. 그러나 때로 사람들을 향한 가장 큰 사랑의 행위는 죄에 빠진 사람을 방관하는 것이 아니라 앞서 언급한 디모데전서에 나오는 바울의 모범을 따라 그들을 교회에서 분리하는 것이다. 그것은 출교당한 당사자뿐 아니라 교회의 유익을 위한 조치였다. 성경적 연합은 죄를 덮어 줌으로 이루어지는 것이 아니라 확실한 가지치기를 통해서 이루어진다. 이렇게 해서 그 사람을 회개함으로 이끌 수 있다. 무조건적인 사랑은 우리가 기대하는 방식과 어긋날 때가 적지 않다. 죄인이 회개하도록 소망하며 거부의 위험을 각오하는 거대한 사랑이 필요하다.

용기를 내라

솔직히 말해 성경에서 강조하는 사랑과 연합을 교회가 실현할 수 있으리라는 믿음을 갖게 된 것은 그렇게 오래되지 않았다. 사람들은 미국에서는 이런 일이 일어날 수 없다고 말했다. 중국과 같은 곳에서는 이런 사례들을 보았지만 교회 리더들은 중국 사람들의 경우 이미 공동체적인 생활을 하고 있고 박해를 경험하면서 서로 하나 될 수밖에 없는 환경이 마련되었기 때문에 그런 일이 가능하다고 말했다. 내 마음 한편에서는 항상 그런 목소리를 의심하고 있었지만 시도할 용기를 낸 때는 불과 몇 년 전이었다. 예상보다 그 일은 쉽지 않았다. 그러나 또한 내가 생각했던 것보다 훨씬 더 성과가 있었다. 당신이 어디에 있건 이런 일은 일어날 수 있다. 성령께서 함께하시면 박해받는 나라 밖에서도 사랑과 연합을 경험할 수 있다.

5. 종의 마음 vs 고객의 마음

예수님이 바로 지금 당신의 신발을 벗기고 발을 씻어 주신다면 어떤 반응을 보일 것 같은가? 한번 상상해 보라.

아마 감격에 벅차 눈물을 자제할 수 없을 것이다. 참지 못하고 엉엉 울고 말 내 모습이 보인다. 스스로 아무 자격이 없다는 생각에 몸 둘 바를 모르겠지만 또한 동시에 존중받는다는 안도감으로 마음에 깊은 평안이 차올랐을 것이다. 나는 예수님과 같은 방에 서 있는 내 모습이 상상이 되지 않는다. 나의 창조주이자 심판자께서 내 발을 씻기시다니 나의 의식 구조로는 이해할 수 없는 일이다. 그런 일은 절대 일어날 리가 없다.

우리 믿음의 핵심에는 전능하신 하나님이 우리를 위해 섬기시고 죽기까지 자신을 낮추셨다는 이 믿음이 자리하고 있다. 우리 부르심의 뿌리에는 그분을 본받아 서로 섬기라는 명령이 자리하고 있다. 예수님은 제자들의 발을 씻기신 후 너희도 서로의 발을 씻어 주라고 명령하셨다(요 13:14). 그러나 주일에 정말 서로를 섬기고 싶은 열정으로 교회를 찾는 '그리스도인들'이 얼마나 되겠는가?

> 인자가 온 것은 섬김을 받으려 함이 아니라
> 도리어 섬기려 하고 자기 목숨을
> 많은 사람의 대속물로 주려 함이니라
> (마 20:28)

교회 예배에 참석하는 사람들이 대부분 섬기는 종의 마음이 아니라 고객의 마음으로 찾아온다는 것은 이제 비밀도 아니다. 우리는 이런 모습을 어리석다고 여기면서도 이미 체념한 듯이 무덤덤하다. 우리는 이런 현상을 어찌해 볼 도리가 없는 것처럼 받아들이게 되었다. 교인들은 헌금 바구니에 헌금을 넣고, 교회는 이 헌금으로 교회 사역자들의 임금을 지불한다. 따라서 사역자들은 그들의 맡은 일을 해야 하고 사람들을 섬기는 것은 당연히 그들의 몫이다. 이렇게 하는 것이 공정하고 효율적인 방식처럼 보인다. 그리고 어떤 곳에서는 상당히 효과가 있다. 하나님이 원하시는 방식은 아니더라도 효과가 있다.

> 그러므로 그리스도 안에 무슨 권면이나 사랑의 무슨
> 위로나 성령의 무슨 교제나 긍휼이나 자비가 있거든

> 마음을 같이하여 같은 사랑을 가지고 뜻을 합하며
> 한마음을 품어 아무 일에든지 다툼이나 허영으로
> 하지 말고 오직 겸손한 마음으로 각각 자기보다
> 남을 낫게 여기고 각각 자기 일을 돌볼뿐더러 또한
> 각각 다른 사람들의 일을 돌보아 나의 기쁨을
> 충만하게 하라 너희 안에 이 마음을 품으라
> 곧 그리스도 예수의 마음이니 그는 근본 하나님의
> 본체시나 하나님과 동등됨을 취할 것으로 여기지
> 아니하시고 오히려 자기를 비워 종의 형체를 가지사
> 사람들과 같이 되셨고 사람의 모양으로 나타나사
> 자기를 낮추시고 죽기까지 복종하셨으니
> 곧 십자가에 죽으심이라
>
> (빌 2:1-8)

하나님은 우리가 그분의 아들을 본받기를 바라신다. 특별히 교회 가족과 함께 모일 때 그분의 아들을 본받아 서로를 섬기기를 원하신다. 당신은 이런 마음으로 교회 예배에 참석하고 있는가? 이런 질문을 받으면 마치 무거운 짐이 어깨에 지워진 것처럼 부담스럽게 여기는 이들도 있을 것이다. 이미 짬을 내기 어려울 정도로 하루하루 바쁘게 살고 있어서 교회에서라도 편하게 쉬고 충족감을 누리기를 바란다. 당신은 느긋하게 앉아서 교회 사역자가 당신의 필요를 채워 주면 최대의 만족감을 누릴 수 있다고 생각하는가? 그렇다면 정말 잘못 생각한 것이다. 하나님은 주는 자가 가장 큰 복을 받을 것이라고 약속하셨다(행 20:35). 받고 누리기만 하는 자들이 세상에서 가장 비참한 사람들이다. 우리가 망가지는 때는 우리 자신에게서 시선을 돌려 다른 사람들을 바라보지 못할 때이다. 예수님은 이런 상황에서 우리를 구원해 주신다. 성령께서는 우리 안에서 이 일을 해주기를 원하신다. 겸손한 사람일수록 행복감도 비례한다.

서로 섬기려고 하는 사람들과 모임을 가진다고 생각해 보라. 자신보다 남을 더 낮게 여기는 겸손한 사람들로 가득한 방에 함께 있어 본 적이 있는가? 생경하지도 결코 부담스럽지도 않다. 서로 섬기고자 하는 종들이 함께 모이면 모두가 세움을 받는다. 하나님만큼 소위 소비주의를 혐오하시는 분은 없다. 소비주의로는 절대 하나님이 원하시는 생명력을 교회가 가질 수 없다. 서로 섬기는 꿈을 포기하지 말라. 교회는 제대로 필요를 공급받지 못했다고 불평하는 결핍된 사람들의 모임으로 계속 머물러 있을 이유가 없다. 섬김으로 서로 풍성함을 누리는 종들의 모임이 될 수 있다.

하나님을 경험하기

바울은 고린도에 있는 교회에게 신자는 누구나 다른 성도들을 축복할 수 있는 초자연적 능력을 부여받았다고 말했다. 심지어 이 능력을 "성령을 나타내심"이라고 불렀다(고전 12:7; 14:12). 이런 이미지가 마음에 어떤 흥분과 설렘을 불러일으키는가? 하나님이 직접 인간의 몸을 이용해 역사하시는 모습을 볼 수 있다는 것이다. 우리 중에는 귀신이 인간의 육신을 빌려 그들을 통해 말하는 것을 본 이들이 있다. 어떤 이들은 헐리우드 영화에서 이러한 일을 보았고, 우리는 성경에서 이런 내용을 읽었다. 우리는 귀신이 누군가를 완전히 통제하여 자기 마음대로 그가 말하고 움직이도록 조종하는 장면을 상상할 수 있다.

우리는 왜 대부분 성령의 나타나심보다 귀신 들린 이들에 대한 장면을 더 명확하게 떠올릴 수 있는가? 우리 대부분은 귀신 들림을 믿는다고 말한다. 하지만 성령께서 훨씬 더 놀라운 수준으로 우리를 통해 일하실 수 있음을 진심으로 믿는가? 우리의 모임은 원래 초현실적인 세계에 속한 자들의 모임처럼 보여야 정상이었다. 귀신 들린 여자를 보고 며칠이고 두려움에 짓눌린다면 성령 충만한 여성을 보고 마찬가지로 놀라서 계속 잊지 못해야 당연하지 않는가? 오히려 그 이상을 기대해야 마땅하다. 성령께서 문자 그대로 누군가를 통해 자신을 드러내신다는 것을 안다면 그다음 예배 모임을 생각할 때마다 흥분되고 가슴 떨리지 않겠는가?

우리는 너무나 쉽게 충족감을 느낀다. 겨우 한 사람만 기쁜 마음으로 집회를 떠나도 만족스럽다고 생각한다. 하나님은 우리가 경이감을 느끼며 그분의 실체 앞에 무릎 꿇기를 원하신다. 죽은 뱀을 가져와서 기괴한 예배를 드리라는 식의 제안을 하는 것이 아니다. 감정을 최대한 고조시켜 하나님의 강림하심과는 전혀 상관없는 실체 없는 희열을 체험해 보라고 말하는 것도 아니다. 다만 우리가 자연적인 상태에 안주해 왔으며 우리 선택에는 성령을 믿는다는 증거가 거의 드러나지 않고 있음을 지적하는 것이다. 이런 이유로 우리의 집회는 결국 너무나 뻔하고 때로는 기계적이며 심지어 의무적이라고 느낄 정도의 모임으로 끝나고 마는 것이다.

바울은 모든 신자가 하나님께서 그들을 통해 역사하기를 원하시며 그들을 온전히 소유하시고 그들을 통해 자신을 드러내셔서 함께 모인 자들을 세우시리라는 확신을 갖기를 원했다. 우리는 이런 기대감과 설렘으로 예배 모임에 참석하고 있는가? 남에게서 받는 것으로 만족한다면 성령께서 우리를 통해 자신을 드러내시는 놀라운 기쁨을 경험하지 못할 것이다. 이런 경험을 하지 못할 때 불만이 누적되고 교회는 어려움에 빠질 수 있다. 그래서 우리의 은사가 필요하다.

전통적으로 교회는 세상과 같은 방식으로 사람들의 가치를 판단해 왔다. 우리는 훌륭한 지도자들을 찾고 적극적인 의사 소통가와 재능이 뛰어난 예술가들을 구한다. 그들의 은사를 높이 평가하고 알린다. 세상에서 하는 그대로 평범하거나 가진 것이 별로 없어 보이는 너무나 많은 사람들을 무시한다. 우리는 교회 지체들의 초자연적 기여를 기대하고 있음을 행동으로 보여 주는가? 하나님의 얼굴을 바라보며 그분의 자녀 중에 쓸모없는 이가 있다고 생각한다고 말할 수 있는 사람은 아무도 없을 것이다. 하지만 우리의 행동이 그것을 분명히 말해 주고 있다면 굳이 입으로 말할 필요가 없다.

2년 전에 동료 장로님들과 나는 고린도전서 12-14장을 공부하고 하나님 앞에서 회개 기도를 드린 적이 있다. 우리가 많은 교인들에 대해 별로 기대감을 갖지 않는다는 사실을 깨달은 것이다. 우리는 그들의 이름을 일일이 거론하며 기도하기 시작했고 개별적으로 한 사람씩 격려하는 일을 시작했다. 교인들 가운데 가장 소외되고 무시당하는 이들을 찾아 그들에게 성경의 진리를 일깨워 주고 우리에게 그들이 얼마나 필요한지 말해 주었다. 무엇보다 고린도전서 1장에서 바울은 하나님이 멸시당하고 약한 자들을 통해 그분의 능력을 보여 주신다고 강조하지 않는가?(고전 1:26-27) 이 말씀을 진심으로 믿는다면 어떻게 행동해야 하겠는가? 혹시 부자들과 미인들과 재능이 뛰어난 자들을 과대평가하는 세상의 방식을 그대로 답습하지는 않는가? 예배에 나오든지 안 나오든지 아무 신경도 쓰지 않고 우리의 관심에서 밀려나 있는 사람들이 너무나 많다. 하지만 어떤 이유에서인지 백만장자들, 기업인들, 유명인들은 늘 관심의 대상이 된다. 이런 점에서 우리는 무엇을 알 수 있는가?

은사를 받은 리더들의 사명

이제 더 이상 교회 리더들에 대해 우리를 섬기는 사람들이라 생각해서는 안 된다. 하나님은 그들의 역할을 분명하게 설명해 주셨다. 그들의 역할은 우리를 섬기는 것이 아니라 온전하게 하는 것이다. 마사지 치료사가 아니라 개인 트레이너를 생각해 보라.

> 그가 어떤 사람은 사도로, 어떤 사람은 선지자로,
> 어떤 사람은 복음 전하는 자로,
> 어떤 사람은 목사와 교사로 삼으셨으니
> 이는 성도를 온전하게 하여 봉사의 일을 하게 하며
> 그리스도의 몸을 세우려 하심이라
>
> (엡 4:11-12)

   우리의 아버지께서는 그분의 자녀들이 저마다 특별한 은사를 소유하고 있다고 생각하신다. 그들을 한 사람 한 사람 창조하시고 초자연적으로 능력을 부여하시는 놀라운 일을 해주셨다. 그분은 그분의 자녀들이 모두 잠재력을 최대한 발휘하는 수준까지 섬길 수 있기를 원하신다. 교회 지도자들을 지상에 두신 이유는 모두가 이렇게 자기 은사를 따라 온전히 섬기도록 하기 위해서였다. 이런 교회 지도자들의 역할을 이해하는 성도들은 소수에 불과하지만 지도자들 스스로도 자신들의 역할을 제대로 이해하지 못하는 경우가 적지 않다. 리더들은 개인 트레이너처럼 고객을 위해 무거운 역기를 들어 올려 주는 존재가 되었다. 그들은 고객이 자리에 앉아서 경탄하며 지켜보는 동안 러닝머신에서 열심히 달리기를 한다. 그런 다음 우리는 왜 우리 같은 사람들은 발전이 없는지 고민한다.

   우리 집에는 촘촘하게 뭔가를 표시한 벽이 있다. 우리 아이들이 몇 개월에 한 번씩 얼마나 자랐는지 확인하려고 키를 표시해 놓은 벽이다. 아이들은 키가 자란 것을 확인할 때마다 기뻐서 소리를 지른다(리사와 나 때문에 아이들이 키가 그렇게 크지 않다). 아무리 애를 써도 키가 자라지 않고 그대로이면 속상해하는 표정이 그대로 드러난다. 아이들은 키가 자라기를 원한다. 대부분의 부모들이 갓 태어난 신생아의 키와 몸무게를 재는 이유는 제대로 잘 먹이고 있는지 확인하기 위해서이다. 아기가 자라지 않고 있다면 부모들은 놀라서 과감한 변화를 시도한다. 아이는 자라는 것이 정상이다.

그런데 왜 교회에서는 이런 기대를 하지 않는가? 매주 같은 사람들이 교회를 찾지만 생활의 변화는 거의 없다. 우리는 이상하게도 다른 결과가 생기기를 바라면서 계속 같은 일만 하고 있다. 매주 별 차이가 없는 소소한 이야기를 나누고 같은 '좋은 설교'를 듣고 또다시 "다음 주에 봅시다"라고 인사하고 헤어진다. 아무 결실이 없다면 이제 변화를 시도해야 할 때가 아닌가? 최근에 누군가가 "당신의 조직은 바로 지금 경험하고 있는 결과를 내도록 완벽하게 기획된 조직입니다"라고 말했다. 이제 진지하게 과감한 변화를 꾀해야 할 때이다.

모든 사람이 자신의 은사를 활용하기를 원한다 하더라도 지금 현재 우리가 활용하는 방식으로 이런 일이 정말 가능하리라 생각하는가? 특별히 정해진 때는 없다. '교회'를 90분짜리 서비스로 만들고 한 개인이 45분을 가르치고 또 다른 사람이 30분 동안 음악을 인도한다면 우리에게 남는 것은 15분간의 광고 시간이나 옆에 앉은 사람과 억지로 악수를 하는 것뿐이다. 모든 사람이 다른 사람을 격려하고 세우는 일에 하나님의 사용하심을 받을 수 있음을 체감하도록 필요한 공간을 조성해 주고 있는가? 소수의 전문가들만이 기여할 수 있는 너무나 전문적이고 세련된 곳으로 교회를 만들지는 않았는가?

바울은 교회에 대해 "그에게서 온 몸이 각 마디를 통하여 도움을 받음으로 연결되고 결합되어 각 지체의 분량대로 역사하여 그 몸을 자라게 하며 사랑 안에서 스스로 세우느니라"(엡 4:16)라고 말했다. 교회는 각 지체가 그 분량대로 '역사할' 때만 자라고 성숙하게 된다. 모든 지체가 영적 은사를 행사한다는 목표를 우리가 포기한다면 영구적 미성숙은 필연적일 수밖에 없다.

어떤 열매를 맺고 있는가?

하버드 대학 졸업생이 모두 잭 인더 박스(미국의 햄버거 체인점 브랜드—편집자주)에서 일한다면 제정신을 가진 이들 중에 누가 자녀들을 하버드에 보내느라 막대한 돈을 쓰려고 하겠는가? 하버드는 그 정도 수준에 걸맞은 직책을 두고 겨룰 인재들을 길러내야 하는 곳이다. 마찬가지로 바울은 교회가 용감하고 신실한 성도들을 배출하기를 기대했다. 이런 성도들은 거짓 가르침에 흔들리지 않고 유혹에 저항할 수 있다(엡 4:11-14). 바울은 자신이 섬기는 성도들을 위한 목표를 기술하면서 "온전한 사람"과 "그리스도의 장성한 분량이 충만한 데"(13절)라는 구절을 사용하고 있다.

우리는 하버드에서 4년을 수학한 사람에 대해 큰 기대감을 갖는다. 그렇다면 교회에서 4년(혹은 40년)을 보낸 사람에게는 더 큰 성과를 기대해야 마땅하다.

　결국 이것은 우리가 생산하는 최종 결과물이 무엇이냐의 문제이다. 우리는 교회 문으로 사람들이 들어오게 하는 데 과도하게 몰입하여 무엇이 생산되는지 그 결과물에 대해서는 별로 생각하지 않는다. 교회의 목적은 단순히 존재하는 자체에 있지 않다. 무엇인가를 생산해야 한다. 남들을 변함없이 섬김으로 그리스도를 본받는 성숙한 제자들을 만들어내고 있는가? 세상이 놀랄 정도로 서로 깊이 사랑하고 헌신하는 공동체를 발전시키고 있는가?(요 13:34-35) 이런 결실을 맺지 못하고 있다면 우리가 존재하는 이유가 과연 무엇인가?

　마이크 브린의 글을 인용해 보고자 한다. "우리는 일주일에 한 번 사람들을 모으거나 소모임을 갖게 하는 일만 잘하는 것은 아닌가? 아니면 실제로 신약에서 보고 있는 사람들을 길러내는 일도 잘하고 있는가? 훌륭한 제자에 대한 우리 기준이 교회에서 제공하는 프로그램에 대충 참석하고 때마다 헌금을 내며 가끔 가난한 사람들을 돕는 정도의 사람으로 바뀌지는 않았는가?"[1]

매력적인 사람이 되라

20년 전 아내가 체육관에 운동을 하러 간 적이 있다(그녀는 운동을 좋아하지 않는다). 집으로 돌아온 아내를 보고 잘 적응했는지 물어보았다. 그녀는 스텝 에어로빅 수업을 들었다고 이야기해 주었지만(1990년대에는 고강도 운동에 속함) 그 운동으로 크게 효과를 보지는 못했다. 이유를 물어보았을 때 아내는 강사의 몸집이 너무 비대해서 그다지 운동하고 싶지 않았다고 설명해 주었다. 리사가 일부러 그 강사를 폄하하려고 한 것은 아니었다. 다만 운동 강사라면 누구나 부러워할 정도의 몸매를 가졌으리라는 일반적인 선입견에 익숙해져 있었을 뿐이었다. 텔레비전에서 피트니스 운동 기구를 판매할 때도 바로 이런 식으로 욕구를 자극하는 방식을 사용한다. 그들은 아름다운 근육질의 탄탄한 몸매를 가진 남자나 여자가 판매 운동 기구에서 운동하는 모습을 보여 주고 그들과 같아지기를 바라는 마음으로 신용카드를 꺼내어 결제를 하도록 유혹한다.

사도 바울에 대해 읽을 때 나는 바울을 닮고 싶다는 강렬한 욕구를 느낀다. 그리스도를 사모하는 마음(빌 1:21-26), 고난을 끝까지 견디는 모습(고후 11:16-33), 사람들을 사랑하는 그의 모습(롬 9:1-3)에 대한 글을 읽으면 큰 도전을 받는다. 나도 바울과 같은 사람이 되고 싶다. 그처럼 고요한 평온을 누리고 싶다. 바울처럼 내 인생의 마지막을 앞두게 되었을 때 인생을 헛되이 살지 않았다고 자신할 수 있는 사람이 되고 싶다. 나는 그의 말이 아니라 그가 보여 주는 모범에서 감동을 느낀다.

유명한 토크쇼 진행자나 블로거들과 연설가들이 있지만 아무도 그들을 진정으로 흠모하지는 않는다. 그들은 그냥 듣기 좋고 필요한 말을 할 뿐이다. 강사들이 일부 사람을 현혹시킬 수는 있지만 모든 사람은 따를 가치가 있는 삶을 살아가는 이들을 존경한다. 교회는 세상 사람들의 존경을 잃어버린 것 같다. 우리는 사람들의 존경을 받을 만한 삶의 모습은 보이지 못하면서 우리의 말에 사람들이 매료되기를 기대한다. 온순하고 혼전 순결을 지키는 자녀들과 행복한 가정의 모습을 사람들에게 보여 줄 수 있다면 뿌듯한 자부심을 느끼며 스스로 만족해한다.

이것을 하나님이 다른 사람이 아닌 우리와 함께하신다는 확실한 증거라고 보기는 어렵다. 우리 자신을 객관적으로 볼 수 있다면 일반적인 사람들이 우리 교회 건물 정문을 두드리지 않는 이유가 무엇인지 쉽게 알 수 있다.

이슬람 교도들이 사원 행사에 사람들을 초청하기 위해 도넛과 아이폰을 공짜로 받을 수 있는 쿠폰을 주겠다고 광고하고 있다면 나는 그들의 그런 방식이 천박하다고 느낄 것이다. 그들의 신이 그들의 기도에 응답하지 않는다는 증거로 보일 것이다. 군중들을 유인하기 위해 록 콘서트와 재미있는 강사들이 필요하다면 나는 그들의 절박함을 알게 되고 그들의 신은 허약하고 싸구려 신이라고 생각할 것이다. 선한 의도를 가지고 사람들이 교회에 쉽게 방문할 기회를 주기 위해 열심히 노력하는 교회를 비난하려는 의도가 아님을 이해해 주기 바란다. 나 역시 이런 방법을 사용하며 수년을 허비했지만 당시 내 마음은 절대 거짓이 아니었다. 나는 어떤 수단을 동원해서라도 사람들에게 복음을 들을 기회를 제공하고 싶었다. 진리를 사모하는 마음을 가진 사람들로 인해 하나님을 찬양하라! 이런 말을 하는 이유는 우리를 지켜보고 있는 세상 사람들의 눈에 이런 방식들이 어떻게 보일지 생각해 보라고 요청하고 싶어서이다. 우리의 선한 의도로 혹시 교회에 찾아오는 사람들이 있을 수 있지만 이런 방식은 또한 온 세대가 하나님에 대해 저급한 인식을 갖도록 만들었을 수도 있다. 평범한 사람에게는 하나님의 성령으로 충만하며 우주의 창조주와 대화할 수 있다고 하는 사람들이 왜 사람들의 시선을 끌 수단과 술책이나 강구하는지 이해하기가 쉽지 않을 것이다.

더 이상 교회가 아니다

교회가 교회로서 정체성을 잃어버리고 더 이상 교회가 아닐 때가 있는가? 교리 선언문으로 예수님이 하나님의 아들이라고 더 이상 선언하지 않을 때인가? '교회'라는 간판이 걸린 건물로 사람들이 들어간다고 해서 하나님이 그곳을 실제 교회로 인정해 주시는 것은 아니다. 내가 사람들의 건강에 관심이 있어서 건강 음료 카페(Healthy Juice Stop)를 열었다고 생각해 보라. 가게를 빌리고 싱싱한 채소 한 꾸러미가 그려진 멋진 간판을 세운다. 케일과 당근과 비츠와 시금치를 넣고 갈아서 음료수를 만들기 시작한다. 고객들은 내가 만든 음료수를 좋아해서 매일 찾아온다. 문제는 한 가지뿐이다. 나의 사업이 계속 번창하도록 해줄 건강 예찬론자들이 그렇게 많지 않다는 사실이다. 나는 고심 끝에 한 가지 해결책을 찾아낸다. 음료에 휘핑크림을 넣는 것이다. 음료를 휘핑크림으로 장식해서 팔기 시작하자 더 많은 사람들이 찾아오기 시작했다. 곧 얼마 지나지 않아 초코 시럽을 첨가했고 장사는 더욱 번창했다. 젤리 사탕과 M&M 초콜릿을 곁들여 팔게 되자 나는 더 큰 돈을 벌게 되었다. 고객들이 점점 더 살이 찌고 둔해지고 있음을 알고 있지만 나는 여전히 나의 음료에 건강에 도움이 되는 성분이 들어 있다고 자랑할 것이다. 언제부터인가 이 사업으로 돈을 더 많이 벌고 싶다는 욕심이 앞서게 되었고 건강한 음료를 사람들에게 팔고 싶다는 원래 목표는 무색해지고 말았다. 양심적이라면 어느 시점에서 건강 음료라는 간판을 내렸어야 마땅했다.

이런 내용은 교회에서 흔히 볼 수 있는 이야기이다. 기도, 성찬, 교제, 성경 읽기로는 많은 대중들의 관심을 집중시키기 어렵다. 그래서 우리는 사람들의 관심을 끌 만한 요소들을 가미하기 시작한다. 이런 식으로 목표를 이룰 수는 있겠지만 이 목표는 잘못된 목표이다. 교회와 관계없는 너무나 많은 요소들을 가미해서 더 이상 교회라고 부르기에 민망해지는 때가 온다.

나는 A. W. 토저(A. W. Tozer)의 통렬한 지적에 동의한다. 그는 이렇게 적었다. "오늘날 우리를 짓누르며 의무감으로 힘들게 하는 일을 한 가지 꼽는다면 오직 우리 힘으로 부흥을 일으켜 개혁되고 생명력을 회복하며 성결함을 얻은 교회로 변화시키고자 하는 것이다. 이 모든 목표를 이루는 것보다 더 나은 그리스도인을 얻는 것이 훨씬 더 중요하다."[2]

섬김에 대한 압박

종으로 섬길 줄 모르는 사람들을 '그리스도인'이라고 부르는 것이 이상하다고 생각하지 않는가? 사람들을 억지로 섬기게 만들 수 없다는 사실은 알고 있다. 하지만 우리가 할 수 있는 일이 분명히 있다. 어떤 팀도 팀에 기여하기를 거부하는 선수들은 용납하지 못할 것이다. 어떤 군대도 각자의 짐을 지고 가지 않는 군인은 용납하지 않을 것이다. 그런데 교회는 왜 섬기기를 거부하는 그리스도인들을 여전히 용납하는가? 이기심을 지적하고 대면해야 할 죄로 다루지 않는 이유는 무엇인가? 성경에서 우리에게 서로 사랑하라고 명령하고 있다면 사람들에게 무임승차권을 주는 것은 이상하지 않는가?

> 각각 은사를 받은 대로 하나님의 여러 가지 은혜를
> 맡은 선한 청지기같이 서로 봉사하라
>
> (벧전 4:10)

> 그러므로 사람이 선을 행할 줄 알고도
> 행하지 아니하면 죄니라
>
> (약 4:17)

우리는 성결하게 살라는 명령을 받았으므로 교회에서 음행을 저지르는 사람들이 있으면 대면하고 죄를 지적한다. 음행을 저지른 자는 그리스도를 제대로 대변할 수 없다. 그러나 소위 소비자도 마찬가지이다. 세상에 그리스도의 몸을 정확히 대변하기를 원한다면 소비주의라는 죄를 반드시 대면하고 지적해야 한다. 형제자매를 진심으로 사랑한다면 그들이 회개하도록 권면해야 마땅하지 않겠는가?

어느 날 나는 다른 목회자들과 함께 섬기지 않는 교인들과 대화를 하며 그들의 잘못을 지적하기 시작했다. 섬기지 않는 것은 이기적이고 그리스도의 몸을 병들게 하는 행위이며 성령의 역사하심이 나타나지 못하게 방해하는 일일 뿐 아니라 분명히 죄를 짓는 일이었다. 우리가 이 일로 그들이 승리하는 모습을 보고 싶었던 것은 그들에 대한 사랑이 그만큼 깊었기 때문이었다. 때로 약하게 압박을 가하는 것도 좋은 방법이었다.

나와 가장 가까운 절친 중 두 사람을 꼽는다면 알과 크리스찬이다. 두 사람은 끝까지 견디는 법을 아는 사람이다. 알은 기진한 상태에서도 3마일을 더 달릴 수 있다. 크리스찬은 배가 불러도 타코를 세 개 더 먹을 수 있다. 2년 전에 운동을 하고 싶었을 때 내가 누구에게 전화를 했을지 맞추어 보라. (당연하겠지만 크리스찬에게 허락을 받고 이 글을 쓰고 있다. 사실 그는 자신의 인생 구절이 레위기 3장 16절이라는 것을 사람들에게 알려 달라고 요청했다.) 나는 체중을 줄일 수 있도록 알에게 나를 독려해 주고 필요하면 어떤 수단이든 동원해 달라고 부탁했다. 알은 끊임없이 나를 압박하며 더 빨리 달리라고 큰 소리로 독려하거나 내가 원하는 것보다 더 무거운 역기를 들라고 소리치면서 귀찮게 할 때가 많았다. 비 오듯이 땀을 흘리며 포기하고 싶을 때는 크리스찬과 중국 식당에 앉아 있는 모습을 상상하곤 했다. 그동안에 알은 끊임없이 말을 걸면서 내가 그만두지 않도록 했다. 당시는 비참한 기분이 들었지만 지금 내 몸매는 내가 태어난 이후로 가장 최상의 상태이다. 압박은 매우 효과적일 수 있다.

리사와 내가 첫 아이를 병원에서 데리고 집으로 돌아온 날을 여전히 기억하고 있다. 우리 두 사람 다 아기를 어떻게 돌봐야 하는지 전혀 알지 못했지만 어떻게 해서라도 그 방법을 알아내야 했다. 우리에게는 선택권이 없었다. 아기를 사랑했기 때문에 엉망인 부모가 되고 싶지 않았다. 그 뒤로 아이가 7명으로 늘었고 이제 우리는 육아에 상당히 능숙해졌다고 자부한다.

사역은 사실 육아만큼 어렵지 않다. 남들을 목양하는 삶을 감당할 준비가 되어 있는 사람은 없지만 우리는 그 입장에 처하면 기꺼이 도전에 맞선다. 때로 사랑을 실천할 수 있는 가장 최선의 방법은 사랑하는 이들에게 도전하는 것이다. 조금 압박을 가한다고 다치는 사람은 없다. 고등학교 3학년 때 청소년 담당 사역자가 12명의 신입생을 맡아 달라고 내게 부탁했던 때를 기억한다. 그때까지 한 번도 누군가에게 제자 훈련을 해본 적이 없었지만 나는 하나님이 원하신다면 기꺼이 섬기겠다는 간절함이 있었다. 몇 주 후 하나님은 내게 그 아이들을 진정으로 사랑하는 마음을 주셨고, 그들이 하나님과 동행하는 것에 깊은 관심을 갖게 하셨다. 완벽한 리더는 결코 아니었지만 나는 최선을 다했다. 그렇게 이른 나이에 섬기도록 도전을 받고 리더로서 섬기는 역할을 떠맡지 않았더라면 오늘날 내가 어디에서 무엇을 하고 있을지 상상이 되지 않는다. 아마 이렇게 풍성하고 축복된 삶을 누리지 못하고 놓쳤을 것이다.

지금 샌프란시스코의 우리 교회에는 리더로 섬기는 사역자들이 대략 40명 정도 있다. 그들은 모두 직업을 가지고 있다. 누구도 교회에서 사례비를 받지 않는다. 목회자가 되기 위한 정식

훈련을 받은 적도 없고 모두 장로들에게서 현장 훈련을 받았다. 그들은 목회자 책무에 대한 부담감을 느꼈기 때문에 성장할 수 있었다. 그들은 훌륭한 사역자들이 되었고 또한 곧 사역자가 될 사람들을 제자로 훈련하고 있다. 나는 이 사람들을 사랑하며 그들에게 내 인생을 의탁하고 있다. 그들에게 내 자녀들을 의탁하고 있다.

누군가를 섬기기 위해 자신들의 집과 차와 돈과 사생활과 건강과 휴가를 희생했던 사람들의 이야기는 얼마든지 들려줄 수 있다. 가장 가능성이 없어 보였던 사람들에게서 기적과 치유와 예언의 역사가 일어난 이야기를 들려줄 수 있다. 이런 결실들은 모든 지체들이 섬기기를 기대할 때 가능했다. 그러나 개인적으로 가장 놀라운 축복은 리더들이 성장하는 모습을 지켜보는 것이었다.

교회는 원래 목회자들과 장로들을 길러내는 산실 역할을 해야 한다. 모든 교회가 사람들을 온전하게 하여 파송해야 한다. 하지만 불행하게도 현실은 정반대이다. 우리는 목회자들에게 우리 교회에 사역자로 와달라고 요청하며 구인 광고를 낸다. 어떤 교회들은 심지어 전문 헤드 헌터를 고용해 사역자들을 찾아다닌다. 우리는 파송하는 것이 아니라 모집을 하고 있다. 이런 풍토가 마치 당연한 것처럼 자리를 잡았다.

리더들을 발굴하기 위해서는 리더로 섬기는 일이 필수 과정이 되도록 제도화해야 한다. 나는 다른 사람들이 리더로 섬길 여지를 만들기 위해 나의 은사 사용을 제한하는 법을 훈련해야 했다. 이렇게 해서 세상의 어떤 도시에 떨어뜨려 놓더라도 자비로 생계를 꾸리며 제자 삼는 일을 할 수 있는 온전히 구비된 지도자들의 군대가 생길 수 있었다. 그들은 교회를 설립하고 배가시킬 수 있는 역량을 직접 보여 주었다. 그들은 더 많은 섬기는 리더들을 발굴하여 파송하는 섬기는 리더이다.

이제 우리 자신과 주변 사람들에게 사랑으로 압박을 가하고 도전할 때이다. 이 일은 모두에게 주어진 책임이다. 오직 우리가 종으로 섬길 때만 예수님이 의도하신 대로 성령을 체험할 수 있다. 그렇게 할 때만 교회는 그들이 섬기는 그리스도를 닮아가게 된다.

6. 교회를 변화시키는 경건한 리더십

본서에 수록된 장들 중에서 이 장만큼 많이 기도하며 애정을 담아 쓴 장도 없다. 깊은 진심을 담아 눈물로 쓴 장이다. 나는 30년 넘게 목회자로 섬겨 왔다. 사역은 내가 익숙하게 알고 있던 전부였다. 어릴 때 일찌감치 나의 소명을 확신하게 되었고 오늘날까지 이 소명에 대한 확신은 변치 않았다. 이런 책임에서 벗어나려고 시도하더라도 하나님은 다시 이 길로 돌아오도록 하셨다. 나는 목회자로 사는 것이 기쁘다. 사람들이 하나님을 이해하고 하나님과 사랑에 빠지도록 돕는 일이 정말 좋다. 배신을 당하고 가슴 아픈 일을 겪더라도 다른 일을 하겠다는 생각이 전혀 들지 않는다. 내 인생이 오늘 마감된다 하더라도(그럴 가능성이 없지는 않지만) 참으로 풍성하고 충만한 삶을 살았노라고 자부할 수 있다. 나는 사역자로 부르심 받은 것을 명예롭게 생각한다. 하나님이 사역자로 살도록 나를 선택하셨다고 생각하면 경이감으로 절로 고개가 숙여진다. 정말 좋아하는 일을 전업으로 하는 사람은 별로 없을 것이다.

나는 전임 사역자나 일을 하며 사역하는 목회자(bivocational pastors), 그리고 스스로는 모르지만 다른 사람들을 목양하도록 부르심 받을 이 책의 독자들을 대상으로 이 장을 쓰고 있다. 독자들 중에 앞으로 이 직책의 전통적인 개념이 아닌 성경적 의미에서 목회자로 부르심 받을 이들이 적지 않을 것이라고 생각한다. 여러분이 나보다 훨씬 더 이 소명에 깊은 애착을 느끼기를 바라며 이 장을 쓴다. 또한 나는 영원을 염두에 두고 이 장을 쓰고 있다. 우리가 모두 "잘 하였도다"라는 칭찬을 하나님의 입으로 듣지는 못하겠지만 당신만은 그런 칭찬을 들었으면 좋겠다. 반면에 우리 대적은 하나님에 대한 첫사랑을 버리고 사람을 기쁘게 하는 데 치중하도록 우리를 끊임없이 유혹하고 있다. 바울은 인생의 말년에 젊은 디모데에게 사랑으로 경고했고 나도 같은 마음으로 이 글을 쓰려고 노력했다. 나 역시 같은 함정에 빠져 보았기 때문에 그 함정들에 대해 꽤 잘 아는 편이다.

이 책 초반에 언급했듯이 나는 성경 내러티브에서 하나님이 당시 가장 강한 언어를 사용하셨던 시기에 특별히 관심을 집중하려고 노력했다. 하나님은 어떤 다른 집단보다 지도자들에게 더 엄격하게 말씀하셨다고 생각한다. 한편으로 하나님은 영적인 지도자들을 누구보다 따뜻하게 존중하는 말씀으로 대하셨다. 하나님은 지도자들과 특별한 관계를 가지신 것으로 보이며 심지어 그들을 방어해 주시기도 했다. 예를 들어, 미리암이 모세를 대적하자 나병으로 그녀를 치셨고(민 12:1-10) 엘리사를 조롱한 42명의 사람들을 두 마리의 곰이 공격하도록 하셨다(왕하 2:23-24). 요한은 "예수께서 사랑하시는 그 제자"라는 호칭을 들었고(요 21:20-24) 아브라함은 "하나님의 벗"으로 불렸다(약 2:23).

또 한편으로 하나님이 가장 비판적인 표현을 사용하신 경우 역시 지도자들을 대상으로 하신 말씀이었다. 리더십의 추구는 엄중한 경고를 동반한다. 야고보는 지도자들이 더 가혹하게 심판을 받을 것이라고 말했고(약 3:1) 히브리서 저자는 지도자들이 그들의 목양 결과에 대해 결산을 하게 될 것이라고 말했다(히 13:17). 예수님은 당대의 종교 지도자들을 지옥의 자식이라고 부르셨다(마 23:15). 말하고자 하는 핵심은 영적 권위를 가진 위치에 있는 사람이 그 위치에 있는 것을 당연시해서는 안 된다는 것이다.

혹시 오만하게 보이거나 무례를 범할까 두려워서 이 장을 쓰기가 쉽지 않았다. 하지만 그리스도와 베드로와 바울처럼 거짓 가르침을 강하게 책망한 이들의 사례를 이용해 글을 써야 했다. 어쨌든 우리는 거짓 교사들을 처리한 바울의 예를 따르는 동시에 아무리 끔찍한 지도자라도 존중하고 신중하게 대했던 다윗의 모범을 따라야 한다.

나의 일생을 돌아보면 때로 비겁하게 굴거나 지나치게 정중했던 반면 과도하게 비판적이고 무례하게 굴었던 적도 있었다. 지금 나는 모든 해답을 다 알고 있지도 않으며, 내가 모범이 될 정도로 훌륭하게 처신했다고 생각하지도 않는다. 하나님은 말하기 쉽지 않은 말을 할 때 판단하는 마음이 아니라 사랑의 마음으로 대하도록 참을성 있게 가르쳐 주셨다. 그리고 나 자신이 먼저 본이 되어야 한다고 늘 일깨워 주셨다. 우리는 바로 이런 마음으로 시작해야 한다.

교회 지도자로 섬기는 이들이라면 자신이 지도자의 위치에 있다는 사실을 당연시해서는 안 된다. 스스로에게 이렇게 반문해 보아야 한다. '내가 이런 지도자의 위치에 있어야 한다는 확신이 있는가? 리더십을 발휘하기에 적절한 상태인가? 남들도 본받고 싶어 할 정도의 관계를 예수님과 누리고 있는가?'

현재 리더로서 섬기고 있지 않는 사람들이라도 스스로 리더가 될 수 없다고 예단해서는 안 된다. 실패에 대한 두려움으로 하나님이 우리를 창조하셔서 불러 맡기신 일을 계속 외면하고 있을 수도 있다. 다른 사람들을 이끌어 주며 필요를 채워 주지 않고 일방적으로 끊임없이 공급만 받도록 부르심 받은 사람은 아무도 없다. 주위를 둘러보라. 당신을 따라오는 이가 아무도 없다면 인생을 제대로 살지 못한 것이다. 하나님은 제자를 삼는 일을 하도록 당신을 부르셨다. 맡기신 능력을 발휘하며 리더로 섬기도록 당신을 부르셨다.

이 장은 평신도가 지도자들을 비판하는 데 활용하게 할 목적으로 쓴 것이 아니다. 지금처럼 자기주장이 강한 개인들의 세대를 지도자로 섬기는 일은 매우 벅찬 도전이며 결코 만만한 일이 아니다. 나도 이런 분위기에 가세해 연료를 보태고 싶지 않다. 이 장을 쓰는 이유는 우리 모두를 위해 우리 자신의 인생을 평가해 보도록 돕기 위해서이다. 교회는 경건한 지도자들이 필요하다. 대중적인 통념과 반대로 우리는 모두 목회자로 섬기도록 부르심을 받고 있다(목회는 단순히 '양을 돌보다'라는 의미를 가진 표현이다). 나이 든 여성들은 어린 여성들을 돌봐야 한다(딛 2:3-5). 부모들은 자녀들을 돌봐야 한다(엡 6:4). 디모데는 자신이 배운 것을 다른 사람들에게 가르치라는 명령을 받았다(딤후 2:2). 당신을 멘토로 생각하는 사람을 한 명도 찾을 수 없다면 스스로에게 뭔가 문제가 있는 것이다. 소셜 미디어는 중요하지 않다. 우리의 행동을 그대로 복사할 살과 피를 가진 인간이 중요하다. 이렇게 하기 위해서는 그대로 복제할 가치가 있는 삶을 살아야 하고 이것은 사진과 인용 글귀들을 게재하는 것보다 훨씬 더 어려운 일이다.

사역의 함정

지도자들에게 거는 과도한 기대로 때로 지도자로서 성공하기가 거의 불가능해질 수도 있다. 하나님보다 사람들을 섬기는 일을 우선시하기 시작할 때 하나님이 그들에게 중요한 우선순위로 삼도록 하신 것이나 그들이 하고자 했던 일을 더 이상 긴요한 일로 생각하지 않고 후순위로 미루게 된다. 이런 잘못을 모두 그들의 탓으로만 돌릴 수는 없다. 많은 사람들이 하나님과 사람들에 대한 깊은 사랑으로 사역의 길로 들어섰다. 두려움을 모르는 급진적 사고방식으로 무장했고 하나님 나라를 위해서는 어떤 위험이든 감수할 자세가 되어 있었다. 그러나 오늘날 사역자들에게는 너무나 많은 함정들이 기다리고 있다. 결국 그들은 그중 한 가지 함정에 빠져 사역의 중요한 본질을 놓치거나 기만을 당하거나 낙심에 이르게 된다.

비난을 회피하고자 하는 함정. 사람들은 목회자들을 거칠게 비난하고 공격할 때가 적지 않다. 어떤 설교를 하든지 비난하고 싶은 사람들이 양쪽에 모두 있다. 가혹한 비난이나 과도한 비난은 종종 교회 청중들의 정치화를 초래할 수 있다. 그들의 비난은 선지자들의 경고라기보다는 선거판에 나온 이들의 말에 가깝다. 지도자는 사람들의 반응을 과도하게 의식하게 되고 두려움 없이 진리를 선포하기보다 되도록 비난을 듣지 않는 방향으로 말씀을 전하기 시작한다.

헌금 모금이라는 함정. 거금을 마련하고 싶은 욕심으로 사역에 입문하는 목회자를 본 경우는 한 번도 없다. 하지만 내가 아는 사역자들 중에 교회 예산이나 예배당 건축 계획에 대한 걱정에서 자유로운 이들은 거의 없다.

비교라는 함정. 교인들은 실력 있는 강연자의 팟캐스트를 꾸준히 듣고, 탁월한 신학자들의 글을 읽으며, 수천만의 사람들이 열광하는 뛰어난 교회 지도자들의 영상을 본다. 비교로 낙심하지 않을 사람은 리더이든 그 리더를 따르는 사람이든 별로 없다.

기대 충족이라는 함정. 사람들은 주일 아침에 따뜻한 커피

한 잔과 원활한 주차, 원하는 찬양을 듣기를 기대하며 교회로 온다. 너무 길지 않은 30분간의 설교, 좋은 탁아 프로그램, 어린이 사역, 십 대 사역, 중학생 사역, 고등학생 사역, 대학생과 싱글을 위한 사역 등 기대하는 것도 저마다 다르다. 사역자들이 교인들의 기대를 충족시켜 주느라 바쁘게 움직이다 보면 정작 하나님이 명령하신 것은 실행하기가 어려워진다.

인기의 함정. 비어 있는 교인석을 보면 낙심이 되고, 사람들이 길 건너 교회로 몰려드는 장면을 보아도 의욕이 사라질 수 있다. 그러다가 기독교 집회에 가서 유명한 목회자들이 마치 왕족처럼 대우받는 모습을 보라. 그들을 부러워하거나 시샘하지 않기가 어렵고, 성공한 사람들은 교만하지 않기가 어렵다. 이런 체제에서는 누구도 승자가 될 수 없다.

안전의 함정. 우리는 사역자들이 일주일에 40시간씩 그리스도인들로 둘러싸인 안전한 교회 집무실에서 일하도록 하면서 그들에게 믿음으로 사는 법을 가르쳐 달라고 요구한다.

탐욕의 함정. 이 나라의 국민들은 그 어느 때보다 권리 의식이 강하며 목회자들이라고 예외는 아니다. 교회가 클수록 받는 사례비도 많다. 책이 팔리는 부수가 많아질수록 수익금도 많아진다. 안락하게 살기를 원하는 사람들에게 교회 성장에 대한 동기는 복합적일 수 있다.

사탄의 공격이라는 함정. 무엇보다 우리 대적이 우는 사자처럼 삼킬 자를 찾아 두루 다니고 있고(벧전 5:8) 특히 사역자들이 그 우선순위 대상이다. 죄를 짓고 교회의 명성을 해칠 수 있도록 우리를 유혹할 수 있다면 무슨 짓이든 마다하지 않는 대적이 있다.

우리는 목회자라면 당연히 이런 함정들을 너끈히 벗어날 정도로 강해야 한다고 주장할 수도 있고 그렇게 많은 함정을 설치하는 짓을 사람들이 그만두어야 한다고 주장할 수도 있다. 잘못이 누구에게 있든지 간에 지도자들의 마음이 흔들리고 낙심할 것은 자명하다. 이런 지도자들에게서 성령으로 충만한 제자들이 나오리라 기대할 수 있겠는가? 우리도 모르게 경건한 사람들이 실패하도록 덫을 놓고 있지는 않는가?

시대가 변했다
1994년 코너스톤 교회를 시작했을 때만 해도 지금과는 상황이 많이 달랐다. 사람들은 대체로 목회자들이나 권위를 가진 인물들에 대해 우호적이었고 이들을 존중해 주었다. 소셜 미디어와 같은 것은 없었다. 핸드폰을 가진 사람들도 극소수에 불과했다! (맞다. 나는 구시대적인 인물이다.) 나를 격려하고 싶거나 비난하고 싶어도 직접 나를 찾아와야 했다. 그런데 이제 시대가 달라졌다.

소셜 미디어가 세상에 넘쳐나기 시작한 때가 기억이 난다. 갑자기 누군가가 공개적으로 나를 칭찬하거나 비난하기가 점점 더 쉬워졌다. 쏟아진 칭찬으로 겨우 문을 열고 나올 수 있었던 날도 있었다. 쏟아진 혹평과 비난으로 상처 입고 분노를 삭이지 못하던 때도 있었다. 시간이 흐르면서 이런 일들에 조금씩 초연해지는 법을 배우게 되었지만 처음에는 숨을 쉬기도 어려울 정도로 힘들었다.

당신에 대해 작심하고 비판을 쏟아내는 사람들로 홍수를 이루는 상황에 대처해 본 적이 없다면 감사하게 여겨야 한다. 내가 만난 사람들 중에 그 세계를 헤쳐 나오면서 겸손함과 사랑을 지키며 여전히 용기를 발휘할 수 있는 사람은 극소수에 불과했다. 다수의 무리들이 지금 보여 주는 반응은 이전에는 없었던 낯선 반응일 경우가 많다. 목회자들은 설교할 때 사람들의 반응을 개의치 않고 진리를 가르치기보다 무의식적으로 비난을 피하는 데 치중할 수 있다. 우리는 사람들의 평가와 판단이 순간순간 바뀌는 시대에 살고 있다. 공개적으로 말 한마디만 잘못해도 큰 혼란을 야기할 수 있다.

앞으로는 사역자들이 많은 관중 앞에서 대담하고 겸손하게 설교하기가 점점 더 어려워질 것이다. 겸손하고 용기 있다고 알려진 목회자들을 찾기가 점점 더 어려운 이유도 여기 있을 것이다. 나는 한 중국인 목사님에게 깊은 감명을 받은 적이 있다. 그는 이렇게 말했다. "미국에서는 사역자들이 유명해야 크게 영향을 미칠 수 있다고 생각하나 봅니다. 중국에서 가장 영향력이 큰 기독교 지도자는 가장 잘 숨을 수 있어야 했습니다." 그 말을 들었을 때 영향력과 무명성을 한꺼번에 잡을 수 있는 기회를 상상하며 내 영혼은 기뻐 날뛰었다. 미국에서 지금 우리가 추구하는 방식은 실패가 뻔히 예정되어 있다. 자신만의 거대한 왕국의 영향력을 쫓는 사람들은 항상 자존심을 걸고 지는 싸움을 하는 것

같다. 우리 대적은 이런 식으로 효과적인 사역의 기반이 될 인격적인 삶이 불가능하도록 우리를 유인한다.

> 하나님의 말씀을 너희에게 일러 주고 너희를
> 인도하던 자들을 생각하며 그들의 행실의 결말을
> 주의하여 보고 그들의 믿음을 본받으라
> (히 13:7)

지도자들이여, 스스로의 삶을 살펴보고 선한 양심을 가진 사람들에게 지금 여러분이 그리스도를 따르는 것처럼 당신을 따르라고 떳떳하게 말할 수 있는지 점검해 보기를 바란다. 아직 지도자의 자리에 있지 않는 사람이라면 선하고 성경적인 리더십에 필수적인 자질들을 살펴보면서 관용의 마음과 겸손함으로 자신의 지도자들을 검증해 보고 그들의 신앙과 삶의 방식에서 본받고 싶은 모습이 보이는지 분별하는 작업을 하기 바란다. 여러분 중에 하나님께서 지도자의 자리로 나아오도록 부르고 계시는 사람들이 있을 수도 있다. 다음과 같은 부분에서 성장해가고자 온전히 헌신할 수 있기를 기도한다.

그리스도인 사역자

이런 제목이 다소 터무니없이 보일 수 있지만 모든 사역자가 정말 진정한 그리스도인이라고 장담할 수 있는가? 주님을 믿는다고 주장하거나 사역자를 목표로 신학교를 다녔다는 이유만으로 우리가 그리스도의 마음을 가졌으리라는 보장은 없다. 나는 성경학교에서 2년을 공부하고 신학교에서 3년을 공부했다. 하지만 학위는 지식이나 훈련의 증거일 수 있어도 영성의 증거는 아니다. 그 시간들은 내 인생에서 최악의 5년이었다. 예수님 당시에 종교 지도자들 중 일부는 그 누구보다 사악했다는 사실을 기억하라. 성경은 언제나 거짓 선생들을 경계하라고 경고하고 있다.

> 그러나 백성 가운데 또한 거짓 선지자들이
> 일어났었나니 이와 같이 너희 중에도 거짓 선생들이
> 있으리라 그들은 멸망하게 할 이단을
> 가만히 끌어들여 자기들을 사신 주를 부인하고
> 임박한 멸망을 스스로 취하는 자들이라
> 여럿이 그들의 호색하는 것을 따르리니
> 이로 말미암아 진리의 도가 비방을 받을 것이요
> 그들이 탐심으로써 지어낸 말을 가지고
> 너희로 이득을 삼으니
> (벧후 2:1-3)

이 지상에는 거짓 선생들이 항상 있을 것이다. 예수님은 늑대들이 양의 옷을 입고 찾아온다고 경고해 주셨다(마 7:15). 목회자로 위장하는 방법보다 더 훌륭한 방법이 어디 있겠는가? 어떤 이들은 용납 받고 싶은 욕망으로 거짓 교리를 가르칠 것이다. 거짓된 삶을 살면서 진리를 선포하는 이들도 있을 것이다. 그들의 메시지가 거짓이든, 아니면 삶의 모습이 거짓이든 모두 정죄를 받는다. 베드로후서 2장 나머지를 읽었다면 그들에게 무서운 심판이 예비되어 있음을 알게 될 것이다. 이 글을 읽는 순간에도 부도덕한 생활을 하고 있다면 당장 그만두어야 한다. 최악의 경우에는 거짓 선생이 될 수도 있다. 지상에서 잠시 스쳐가는 인생을 살아가면서 창조주를 떠나도록 사람들을 미혹하는 것보다 더 사악한 일은 없다.

이 장을 읽는 모든 사람이 실제로 스스로의 삶을 돌이켜 보는 시간을 갖게 해달라고 기도한다. 바울이 말한 대로 "너희는 믿음 안에 있는가 너희 자신을 시험하고 너희 자신을 확증하라"(고후 13:5). 당신은 예수를 따르는 대가를 계산해 보고 그분을 따르기로 결단한 것이 확실한가? 당신의 목회자들은 그분을 따르기 위해 모든 것을 포기했다는 분명한 증거를 보여 주고 있는가?

기도하는 사역자

한번은 사역자들에게 적어도 하루에 한 시간씩 기도를 하고 있지 않다면 알려 달라고 말한 적이 있다. 이렇게 해서 사역자들을 기도하는 이들로 대체할 수 있을 것이다. 나는 기도하지 않으면서 쉬지 않고 일하는 사역자보다 기도하고 다른 것은 아무것도 하지 않는 사람을 고용할 것이다. 지나친 처사라고 생각할 수도 있지만 그 정도로 기도가 중요하다. 기도는 단순히 사역의 한 과제가 아니라 우리 마음의 상태를 드러내는 척도이다. 우리의 교만함을 드러내고 우리가 하나님을 떠나서 아무것도 할 수 없음을 실제로 믿고 있는지 보여 준다. 기도를 한다는 것은 하나님께 복종하며 그분의 무한한 지혜와 주권에 의지한다는 표현이다. 예수님도 제자 베드로가 사탄의 공격을 받고 있었을 때 독단적으로 문제를 해결하시지 않았다.

> 시몬아, 시몬아, 보라 사탄이 너희를 밀 까부르듯
> 하려고 요구하였으나 그러나 내가 너를 위하여
> 네 믿음이 떨어지지 않기를 기도하였노니
> 너는 돌이킨 후에 네 형제를 굳게 하라
> (눅 22:31-32)

누군가가 적절한 카운슬링이나 가르침으로 베드로를 도와주어야 했다면 바로 전능한 예수님이 적임자였을 것이다. 그러나 예수님의 해결 방식은 기도였다. 이 점을 잠시 묵상하라.

기도는 사랑의 증표이다. 예수님을 진심으로 사랑하는 이들은 기도하지 않을 수 없다. 전심을 다해 하나님을 사랑하라는 명령은 성경에서 가장 중요한 명령이다. 기도로 나아가지 않는 사역자는 사역자가 아니다. 우리는 기도라는 방식으로 주를 구하고 성도들의 평안한 삶을 구한다.

나는 장로님들과 함께 에베소서 3장 14-19절 말씀으로 우리 교인들을 위해 기도하며 그들이 우리와 함께 예수님을 사모하게 해달라고 간구한다.

인도 출신의 한 사역자는 여러 영적 각성 운동들을 연구한

결과 한 가지 공통점을 발견했다고 말해 주었다. 하나님의 영적 각성 운동은 항상 하나님을 깊이 아는 한 지도자로부터 시작하고, 그를 따르는 추종자들이 오직 그 지도자만 바라보며 추종할 때 항상 끝난다는 것이다. 사역자들이여, 주님을 깊이 알고 오직 그리스도만을 사모하며 바라보는 제자들을 훈련하도록 하자.

겸손한 사역자

인도의 또 다른 사역자는 앞으로도 늘 마음에 새기고 싶은 단순하고 확실한 조언을 해주었다. 지금까지 그의 사역으로 예수님께 돌아온 사람들이 무려 3백만이 넘는다. 이 사람들은 모두 제자로 성장해가고 있다. 이 거대한 군대를 어떻게 조직했느냐고 물어보자 그는 이렇게 대답했다. "미국인들은 늘 전략이 무엇인지 알고 싶어 합니다. 저는 이 한 가지를 말씀드리고 싶습니다. 저와 함께 섬기는 리더들은 제가 아는 가장 겸손한 사람들이고 그들은 예수님을 누구보다 깊이 알고 있습니다." 그는 이 외에도 그가 저지른 최대의 실수는 겸손하지 않은 사람들이 리더가 되도록 한 것이라고 말해 주었다. 그들이 은사를 발휘하는 모습에 매우 기뻐했지만 그 결과는 항상 그들의 파국이었다. 그는 지금까지 가장 후회하는 일이 그것이라고 말했다. 이제 리더들의 자질을 확인하는 가장 중요한 기준은 겸손이며 그렇게 해서 리더십과 관련된 문제들은 상당 부분 해결되었다.

결코 인정하지 않겠지만 우리는 세상의 방식으로 지도자들을 구할 때가 많다. 외모를 본다. 멋진 연설가와 재능이 뛰어난 리더를 원한다. 하나님은 항상 그분을 간절히 구하는 겸손한 사람을 으뜸으로 여기셨다. 많은 사역자가 겸손한 기도의 용사로 출발했지만 사람들의 기대에 그들의 우선순위가 엉망이 되어가는 모습을 보여 준다. 어떤 이들은 겸손하려고 하는 시늉조차 하지 않고 도리어 그들의 카리스마로 더 나은 사역을 도모하려고 한다.

> 너희는 하나님이 우리 속에 거하게 하신
> 성령이 시기하기까지 사모한다 하신 말씀을
> 헛된 줄로 생각하느냐 그러나 더욱 큰 은혜를
> 주시나니 그러므로 일렀으되 하나님이 교만한
> 자를 물리치시고 겸손한 자에게 은혜를
> 주신다 하였느니라 그런즉 너희는 하나님께
> 복종할지어다 마귀를 대적하라 그리하면 너희를
> 피하리라 하나님을 가까이하라 그리하면 너희를
> 가까이하시리라 죄인들아 손을 깨끗이 하라
> 두 마음을 품은 자들아 마음을 성결하게 하라
> 슬퍼하며 애통하며 울지어다 너희 웃음을 애통으로,
> 너희 즐거움을 근심으로 바꿀지어다 주 앞에서
> 낮추라 그리하면 주께서 너희를 높이시리라
>
> (약 4:5-10)

하나님을 대적하는 것보다 더 무서운 비극은 없다. 야고보는 '하나님은 교만한 자를 물리치신다'(6절)는 점을 분명히 했다. 하나님이 그 지도자를 대적하시는 교회가 얼마나 효과적일 수 있겠는가? 반대로 하나님은 그분을 가까이하는 겸손한 사람을 가까이하시고 은혜를 베풀어 주겠다고 약속하셨다.

나는 설교를 하기 전에 스스로에게 종종 이렇게 묻는다. 이 설교로 사람들의 관심이 그리스도께 더 집중되겠는가, 아니면 내게 더 집중되겠는가? 우리 중에는 자기를 보호하고 높이는 데 치중하는 이들이 적지 않다. 우리는 내면의 불안정함으로 사람들이 우리를 어떻게 생각할지 염려한다. 나는 이렇게 남의 시선을 신경 쓰는 나 자신과 평생 싸우고 있다. 안타까운 일이다.

예수님은 인류에 대해 이야기하시면서 세례 요한보다 더 큰 자가 없다고 말씀하셨다(마 11:11). 사람들의 눈에 큰 자가 되려고 하지 않았기 때문에 그는 하나님 보시기에 큰 자로 인정을 받았다. 요한은 예수님에 대해 "그는 흥하여야 하겠고 나는 쇠하여야 하리라"(요 3:30)라고 말했다.

사랑을 실천하는 사역자

역시 이런 말은 새삼 언급할 필요가 없을 정도로 당연한 말이다. 사랑을 실행하는 것 외에 달리 목회자가 되어야 할 이유가 어디 있겠는가? 진정으로 사람들을 사랑하지 않는 목회자가 왜 필요하겠는가?

성도를 사랑하지 않고도 '사역을 행하기'가 매우 쉽다는 사실을 나는 경험으로 확인했다. 이 나라에서 사랑은 '성공한' 목회자의 필수 조건이 아니다. 나는 내 인생에서 아무 사랑의 감정도 느끼지 못한 채 사람들을 목회하느라 정신없이 바빴던 때를 수없이 떠올릴 수 있다. 사람들을 깊이 사랑해야 할 자녀들이 아니라 성공하고 싶은 프로젝트의 대상으로 보기가 얼마나 쉬운지 모른다.

나는 바울이 걸어간 길을 사모한다. 다음의 말씀을 꼼꼼하게 읽어 보라.

> 너희도 알거니와 우리가 아무 때에도 아첨하는 말이나 탐심의 탈을 쓰지 아니한 것을 하나님이 증언하시느니라 또한 우리는 너희에게서든지 다른 이에게서든지 사람에게서는 영광을 구하지 아니하였노라 우리는 그리스도의 사도로서 마땅히 권위를 주장할 수 있으나 도리어 너희 가운데서 유순한 자가 되어 유모가 자기 자녀를 기름과 같이 하였으니 우리가 이같이 너희를 사모하여 하나님의 복음뿐 아니라 우리의 목숨까지도 너희에게 주기를 기뻐함은 너희가 우리의 사랑하는 자 됨이라 형제들아 우리의 수고와 애쓴 것을 너희가 기억하리니 너희 아무에게도 폐를 끼치지 아니하려고 밤낮으로 일하면서 너희에게 하나님의 복음을 전하였노라 우리가 너희 믿는 자들을 향하여 어떻게 거룩하고 옳고 흠 없이

행하였는지에 대하여 너희가 증인이요 하나님도
그러하시도다 너희도 아는 바와 같이 우리가
너희 각 사람에게 아버지가 자기 자녀에게 하듯
권면하고 위로하고 경계하노니 이는 너희를 부르사
자기 나라와 영광에 이르게 하시는 하나님께
합당히 행하게 하려 함이라

(살전 2:5-12)

바울은 이 교회와 함께했던 시절을 이야기하면서 "유모가 자기 자녀를 기름과 같이" 하였다고 말한다(7절). 이런 식으로 당신을 돌보는 사역자가 있다면 얼마나 근사할지 생각해 보라. 바울은 또한 이어서 "아버지가 자기 자녀에게 하듯" 그들을 권면했다고 말한다(11절). 유모처럼 따뜻하게 그들을 보살펴 주었을 뿐 아니라 또한 강인한 아버지처럼 그들에게 필요한 권면을 해주었던 것이다. 너무나 많은 사역자들이 훌륭한 작가, 연설가, 리더가 되기를 바란다. 훌륭한 부모라서 유명해진 사람들은 그렇게 많지 않다. 이런 일은 별로 보상이 따르지 않기 때문에 부모처럼 잘 섬기는 사람들은 절대 유명해지지 않는다. 겸손하게 사람들을 돌보았다고 대대적으로 축하를 받는 경우는 없을 것이다.

교회에서 우리의 일차적 목표 중의 하나가 예수님이 요한복음 17장에서 기도하셨던 완벽한 연합이라고 한다면, 먼저 리더로서 자신에게 맡겨진 사람들을 사랑하는 일부터 시작해야 한다. 우리는 베이비시터가 아니라 부모가 되어야 한다. 이것은 아주 큰 차이가 있다. 대부분 사람들은 자녀를 기르는 데 대단한 헌신이 필요함을 알고 있다. 그것은 우리의 자유와 사생활과 시간을 희생할 것을 요구한다. 그러나 그것은 그럴 가치가 있다.

온전하게 하는 사역자

좋은 아버지로서 내가 감당해야 할 책무 중 하나는 아이들이 독립해서 스스로 삶을 개척할 수 있도록 양육하는 것이다. 험난한 세상에서 살아가도록 준비시키기에 남은 시간이 그렇게 많지 않다. 아이들이 나를 의지하지 않고 스스로 설 수 있도록 훈련해야 한다. 모든 목회자의 목표 역시 마찬가지이다. 조심하지 않는다면 몇 년이고 교회에 자리만 차지하고 앉아서 흡족할 정도로 공급함을 받지 못하고 있다고 불평하는 사람들과 함께하게 될 것이다. 이것은 서른 살이 넘은 아들이 엄마의 요리가 마음에 들지 않는다고 투덜거리는 것과 유사한 역기능적 모습이다. 훌륭한 사역자는 좋은 사역자들을 길러내는 것을 목표로 해야 한다.

> 그가 어떤 사람은 사도로, 어떤 사람은 선지자로,
> 어떤 사람은 복음 전하는 자로, 어떤 사람은 목사와
> 교사로 삼으셨으니 이는 성도를 온전하게 하여
> 봉사의 일을 하게 하며 그리스도의 몸을 세우려

> 하심이라 우리가 다 하나님의 아들을 믿는 것과
> 아는 일에 하나가 되어 온전한 사람을 이루어
> 그리스도의 장성한 분량이 충만한 데까지 이르리니
> 이는 우리가 이제부터 어린 아이가 되지 아니하여
> 사람의 속임수와 간사한 유혹에 빠져 온갖 교훈의
> 풍조에 밀려 요동하지 않게 하려 함이라
>
> (엡 4:11-14)

교회가 안고 있는 가장 심각한 문제 중 하나는 교회 지체들이 성숙해지도록 돕는 노력이 없다는 사실이다. 교회는 부모 역할을 할 정도로 자라야 함에도 도무지 성장하지 않는 아이들로 가득하다. 그리고 그들에게 그런 역할을 기대하는 이들도 없다. 많은 목회자들은 교인들이 그들의 가르침을 들으며 미성숙한 상태 그대로 머물러 있기를 내심 기대한다. 그들이 교회에서 독립해 다른 이들을 목양하도록 훈련하지 않고 그 상태로 교회에 평생 교인으로 남아 있기를 바란다. 바울은 교회 지도자들이 성도들이 사역을 할 수 있도록 준비시켜야 한다고 분명히 밝혔다. 휴 홀터(Hugh Halter)는 이런 훈련의 부재를 우리 스스로 만든 함정이라고 본다. "많은 전문 사역자들은 자신들에게 맡겨진 소명의 전체 범위를 보지 못하는 일명 소비자 그리스도인들에게서 사례비를 받기 때문에 맡겨진 사역에만 몰두한다."[1]

부모가 자녀들이 독립해서 가정을 꾸리도록 양육하지 않는다면 우리 사회에 무슨 일이 벌어지겠는가? 그런데 바로 이런 일이 교회에서 일어나고 있다. 우리는 마땅히 성령으로 충만해야 할 사람들에 대해 사실상 거의 기대하는 바가 없다. 이제 영적 부모(즉 목회자)들은 다시 자녀들을 믿어야 할 때이다. 그들을 대신해 온갖 뒤치다꺼리를 하는 데 시간을 허비하지 말고 그들이 일생의 사역을 감당하도록 훈련하는 데 집중해야 한다. 이것에 대항하는 사람들이 항상 있기 때문에 바울은 디모데에게 다른 사람들에게 가서 가르치려는 "충성된" 사람들에게 집중하라고 말했다(딤후 2:2).

내가 목회를 하는 목적은 완전히 달라졌다. 열정적으로 찬송을 부르고, 이혼하지 않고 가정을 지키며, 선교 헌금을 바치는 소수의 사람들로 만족하던 시절은 오래 전의 일이다. 이제 나는 교인들 중 누구라도 낯선 도시에 홀로 남았을 때 예수 안에서 성장하며 제자 삼는 사역을 하고 교회를 개척할 수 있을 정도로 성도들을 온전히 훈련하는 데 열중하고 있다. 성령의 능력을 믿기 때문에 나는 이것이 가능함을 확신한다. 이런 열망이 우리 DNA 속에 내재되어 있다. 우리는 모두 대담한 믿음의 영과 우리가 생각할 수 있는 이상의 일을 할 능력을 부여받았다. 우리는 교인들이 성령만을 의지하도록 훈련해야 한다.

많은 목회자가 얼마나 많은 영적 자녀들을 돌보고 있는지 자랑하지만, 얼마나 많은 자녀들이 그들의 돌봄에서 독립했는지 자랑하는 것이 더 합당하지 않겠는가? 자녀들이 집을 떠날 수 없는 상황이라면 오히려 실패의 증거가 아니겠는가? 수천 명의 일명 기독교 소비자를 키우는 것은 절대 성공이 아니다.

성령으로 충만한 사역자

성령으로 충만하다는 말을 들을 때 어떤 그림이 연상되는가? 어떤 사람이 떠오르는가?

앞에서 우리는 귀신 들린 사람의 모습에 대해서는 모두 개념적으로 이해를 하고 있지만 성령으로 충만한 사람에 대해서는 매우 무지하다는 점을 지적한 바 있다. 이렇게 생각해 보자. 우리는 누구나 귀신에 사로잡힌 사람과 그렇지 않은 사람이 완전히 다르다는 사실을 알고 있다. 그렇다면 성령으로 충만한 사람과 예수를 모르는 선량한 사람 역시 엄청난 차이가 있지 않겠는가? 신학적인 지식이나 일반적인 선량함을 성령 충만함과 혼동해서는 안 된다. 당신의 목회자는 성령 충만한가? 당신은 성령 충만한가?

성령 충만한 사람이 어떤 식으로 행동할지에 대한 스스로의 주관적 상상은 무시하도록 하라. 에베소서 5장은 성령 충만한 사람을 이렇게 묘사한다.

> 술 취하지 말라 이는 방탕한 것이니 오직 성령으로
> 충만함을 받으라 시와 찬송과 신령한 노래들로
> 서로 화답하며 너희의 마음으로 주께 노래하며
> 찬송하며 범사에 우리 주 예수 그리스도의 이름으로
> 항상 아버지 하나님께 감사하며
> 그리스도를 경외함으로 피차 복종하라
>
> (엡 5:18-21)

바울은 성령 충만한 상태를 술 취한 것에 비교했다. 우리는 술 취한 사람의 모습을 쉽게 떠올릴 수 있다. 말하는 태도나 행동이 정상이 아니다. 이른바 몸이 술로 가득할 때 모든 행동과 태도가 영향을 받는다. 마찬가지로, 성령으로 충만하면 우리는 무슨 일을 하더라도 그의 영향을 받는다. 성령으로 충만하기 때문에 입을 열 때마다 하나님을 이야기한다. 성령 충만한 사람들이 "시와 찬미와 신령한 노래들로 서로 화답"하게 되는 이유가 이 때문이다(19절). 하나님을 찬양하는 마음이 가득하기 때문에 서로 대화를 나누다 보면 저절로 하나님을 찬양하게 된다. 성령으로 충만한 사람들이 마음으로 찬양하고 노래하는 이유는 성령께서 항상 그렇게 하기를 원하시기 때문이다. 그들은 성령과 함께하는 축복으로 감사하는 마음이 가득하기 때문에 "항상 감사"를 드린다(20절). "그리스도를 경외함으로 피차" 복종하는 이유는 겸손하며 하나님께서 세우신 지도자들을 존경하기 때문이다. 하나님의 성령은 그들의 모든 관계에 영향을 미친다.

갈라디아서 5장 22-23절은 성령의 열매를 열거한다. 우리는 대부분 이런 열매에 대해 알고 있다. 이 목록을 보면 이렇게 생각하기 쉽다. '맞아, 나는 사랑과 인내와 친절함의 열매는 상당히 충실하게 맺는 편이야. 그러니 성령의 열매를 맺고 있는 셈이라고 생각해.' 그러나 우리의 사랑이 성령이 역사하신 결과라고 한다면 당연히 확실한 성령의 열매를 맺어야 마땅하지 않겠는가? 압도적일만큼 두드러지게 확실한 성령의 열매가 보이는가? 육신에 속한 자연인들이 보여 줄 수 있는 자질을 성급하게 성령의 열매라고 속단해서는 안 된다.

진정으로 성령으로 충만한 사역자를 지도자로 삼기를 원하는가? 초자연적인 능력과 담대함과 인격을 겸비한 사람을 원하는가? 나는 기적이 일어나게 해달라고 기도해 왔다. 단순히 일반적인 차원의 사랑을 베푸는 수준에서 벗어나게 해달라고 간청하고 있다. 오직 성령께서 맺게 해주시는 자비를 원한다. 이 외에 어떤 방법으로 우리는 세상을 매료시킬 수 있는가? 나는 모든 지각에 뛰어난 평강을 원한다. 사람들이 이해할 수 없는 놀라운 평강을 원한다. 사역자들이 초자연적인 수준으로 이런 자질들을 보여 주지 않는다면 우리 교회에 어떤 희망이 있겠는가?

선교하는 사역자

예수님은 세상 끝까지 복음을 전하라고 명령하셨다. 하나님의 영광과 사람들의 구원과 우리의 평안을 위해서이다. 우리는 목적이 있어서 창조함을 받았고 선교에 집중할 때 삶의 성취감을 얻는다. 목회자들은 고통당하는 자들을 도와야 하는 긴급한 일이 발생할 때 당황하지 말고 주도적으로 개입해야 한다. 한 번도 복음을 듣지 못한 수십억 명의 영혼들을 늘 기억해야 한다. 이미 수십 번이나 복음을 거부한 사람들에게 복음을 전하겠다고 쓸데없이 매달리며 시간을 허비해서는 안 된다.

> 하나님 아버지 앞에서 정결하고 더러움이 없는
> 경건은 곧 고아와 과부를 그 환난중에 돌보고 또

자기를 지켜 세속에 물들지 아니하는 그것이니라
(약 1:27)

하나님은 고아들의 아버지가 되어 주기를 원하신다(시 68:5). 성령이 내주하시는 사람들은 당연히 고난당하는 자들과 마음을 같이하며 그들의 고통에 공감한다. 자녀들이 굶주림으로 죽어가는 모습을 망연자실하게 지켜보는 어머니들을 외면하는 목회자들은 이상하게 너무나 지엽적인 일에 매달릴 수 있다. 지금도 감옥에 갇혀 잔인하게 고문당하는 형제자매들을 기억하지 않을 때 작은 어려움에도 불평할 수 있다. 지옥이 존재한다는 사실을 망각하면 사소한 문제로 싸우고 분열하기 쉽다.

목회자들 중에 대위임 명령(마 28:16-10)에 대한 설교를 하지 않은 이들은 거의 없을 것이다. 예수님의 위대한 명령을 진지하게 받아들이고 있음을 증명할 정도로 모범적인 삶을 사는 이들이 얼마나 되겠는가? 잃어버린 자들과 고통당하는 이들을 위해 가슴으로 우는 지도자들의 세대가 나오도록, 그리고 우리가 그 세대가 되도록 기도하자. 오늘날 교회당은 오직 종교를 소비하러 오는 자기중심적인 사람들로 가득하며 이것은 더 이상 비밀도 아니다. 그들에게 더 이상 그렇게 이기적으로 살지 말라고 말하는 것만으로 이 문제는 해결되지 않는다. 목회자들은 그들이 온 세계의 잃어버린 자들과 고통당하는 이들을 돕는 일에 적극 참여하도록 격려해야 한다.

고난당하는 사역자

뒤에서 한 장 전체를 할애해 고난에 기꺼이 동참하는 사역자의 필요성에 대해 다룰 것이다. 그러므로 여기서는 교인들에게 종종 훌륭한 설교 이상의 것이 필요하다는 것을 리더들에게 구체적으로 당부하는 선에서 마무리하고자 한다. 사람들은 고난 중에 기뻐하는 지도자의 구체적 사례를 직접 볼 필요가 있다. 어려운 일을 겪을 때 자신의 말과 행동을 되돌아보는 시간을 가지라. 당신을 따르는 제자들이 주시하고 있을 때 당신에게서 그리스도와 같은 오래 참음과 관대함을 목격했는가?

우리는 고난 중에 기뻐하는 법을 배우지 못했기 때문에 너무나 쉽게 낙심하고 중도에 포기해 버린다. 고난 중에 기뻐하는 사역자를 내게 보여 준다면 나는 포기하지 않고 끝까지 사역할 목회자를 보여 줄 수 있다. 목회자들이 고난 중에 기뻐하며 제자 삼는 사역을 감당할 때 결코 넘어지지 않는 교회를 세울 수 있다.

의외의 지도자들

혹자는 이 장을 읽고 우리 목사님은 전혀 해당 사항이 없다고 생각할 수도 있다. 이런 생각이 사실일 수 있으며 어떤 경우에는 그 목사님과 결별하는 것이 최선일 수도 있다. 이런 결정은 매우 심각한 결정이므로 충분히 기도하고 겸손한 마음으로 성경적인 근거를 확인하는 과정을 거쳐야 한다.

그러나 이 장이 말하고자 한 핵심은 이것이 아니다. 나는 이 장을 읽은 사람들이 모두 일어나 경건한 지도자가 되었으면 하는 소망을 담아 이 장을 썼다. 고난을 감수하며 선교하고 성령으로 충만하며 온전하게 하고 사랑과 겸손으로 행하며 기도하는 자신의 모습을 상상하면 큰 부담감을 느낄 수 있다. 그러나 하나님의 성령께서 우리 안에서 바로 이 일을 해주기를 원하신다는 사실을 기억하자. 육신의 눈으로 이런 요구들을 바라보지 말자. 성령이 함께해 주시지 않으면 이런 일은 분명히 불가능하다. 하나님의 성령으로 충만한 사람들은 이런 모습으로 변화되어 가기를 진심으로 바란다. 성령께서 우리 삶을 통해 이루고자 하시는 일에 맞서지 말라.

지난 역사를 보면 종교 지도자들의 타락이 심각했던 시기들이 있었다. 하나님은 구약 성경에서 그런 목자들을 통렬하게 질책하셨고(겔 34장) 예수님도 당대의 종교 지도자들을 동일하게 책망하셨다. 주님은 소위 전문 종교인들을 포기하시고, 평범하고 교육받지 못한 사람들을 훈련하여 세상을 변화시키는 책무를 맡기는 방법으로 이 문제를 해결하셨다.

하나님은 우리를 창조하실 때 부여하신 잠재력을 우리가 과소평가하고 무시하는 것을 너무나 싫어하신다. 주님은 언제나 믿음을 귀하게 보셨다. 그분의 말씀을 있는 그대로 받아들이는 사람들을 귀하게 여기셨다. "우리 가운데서 역사하시는 능력대로 우리가 구하거나 생각하는 모든 것에 더 넘치도록 능히 하실 이에게"(엡 3:20)라는 말씀은 단순히 우리 벽에 장식용으로 걸어 놓는 글귀가 아니라 우리 삶의 근거를 이루는 말씀이 되어야 한다. 교회는 지금 경건한 리더십의 새로운 물결이 절실히 필요하다. 지금 존재하는 리더들이 모두 새롭게 변화되거나 그렇지 않으면 아예 교체되고 물러나기를 기도한다. 그 무엇보다 하나님을 사랑하며 교회를 하나님이 원하시는 모습으로 변화시키고자 인생을 거는 좋은 목회자들의 군대를 계속 일으켜 주시기를 기도한다.

7. 고난은 주님의 계획의 일부이다

내가 그리스도와 함께 십자가에 못 박혔나니

그런즉 이제는 내가 사는 것이 아니요

오직 내 안에 그리스도께서 사시는 것이라

이제 내가 육체 가운데 사는 것은

나를 사랑하사 나를 위하여 자기 자신을 버리신

하나님의 아들을 믿는 믿음 안에서 사는 것이라

(갈 2:20)

아이언 맨 트라이 애슬론(철인 3종 경기)의 참가자들은 2.4마일(3.86km)의 수영을 하고 112마일 거리(180.25 km)의 자전거를 타고 26.2마일(42.20km)의 달리기를 한다.[1] 이 경기를 나와 함께 보자고 요청하면 많은 사람들이 긍정적으로 고려해 볼 것이다.

그러나 나와 함께 이 경기에 참여해 겨루어 보자고 하면 그 수는 상당히 줄어들 것이다. 이 나라에서는 그리스도께서 보여 주신 모범을 찬양하는 것을 신앙생활이라고 믿기 때문에 스스로 그리스도인이라고 생각하는 수백만의 사람들이 있다. 신앙생활이 실제로 무엇을 의미하는지 제대로 이해하면 이 수는 극적으로 줄어들 것이다. 신약은 그리스도께서 십자가에 못 박히셨음을 우리가 믿어야 할 뿐 아니라 우리도 그리스도와 함께 못 박혔다는 사실을 너무나 분명히 하고 있다.

예수님의 음성만을 청종하고 그분의 입에서 나오는 말씀만을 읽는다면 그분을 따르는 제자들에게 예수님이 무엇을 요구하시는지 너무나 분명하게 이해할 수 있다. 그러나 현대의 설교자들과 작가들의 말에만 귀 기울인다면 예수님을 따른다는 것이 무엇을 의미하는지에 대한 이해가 완전히 달라질 것이다. 이보다 더 비극적인 문제가 있을 수 있겠는가?

그리스도인이 되더라도 아무 대가를 치를 필요가 없다고 배운 사람들이 수없이 많다. 그리고 그것을 사실이라고 믿는다! 심지어 일단 기도를 드리고 예수님을 마음에 모시기만 하면 훨씬 더 잘 살 수 있다고 대담하게 가르치는 사람들도 있다. 하지만 예수님은 정반대로 가르치셨다.

예수님의 다음 말씀을 천천히 그리고 꼼꼼하게 읽어 보라. 내가 쓴 다음 단락보다 이 말씀이 훨씬 더 중요하다. 직접 그분의 말씀을 해석해 보라.

> 수많은 무리가 함께 갈새 예수께서 돌이키사
> 이르시되 무릇 내게 오는 자가 자기 부모와 처자와
> 형제와 자매와 더욱이 자기 목숨까지 미워하지
> 아니하면 능히 내 제자가 되지 못하고 누구든지
> 자기 십자가를 지고 나를 따르지 않는 자도 능히
> 내 제자가 되지 못하리라 너희 중의 누가 망대를
> 세우고자 할진대 자기의 가진 것이 준공하기까지에
> 족할는지 먼저 앉아 그 비용을 계산하지
> 아니하겠느냐 그렇게 아니하여 그 기초만 쌓고
> 능히 이루지 못하면 보는 자가 다 비웃어 이르되
> 이 사람이 공사를 시작하고 능히 이루지 못하였다
> 하리라 또 어떤 임금이 다른 임금과 싸우러 갈 때에
> 먼저 앉아 일만 명으로써 저 이만 명을 거느리고
> 오는 자를 대적할 수 있을까 헤아리지 아니하겠느냐
> 만일 못할 터이면 그가 아직 멀리 있을 때에 사신을
> 보내어 화친을 청할지니라 이와 같이 너희 중의
> 누구든지 자기의 모든 소유를 버리지 아니하면
> 능히 내 제자가 되지 못하리라
>
> (눅 14:25-33)

그동안 기도에 대해서 배웠던 내용이나 예수님을 개인의 구주로 모시라는 요청에 관한 가르침은 모두 잊어버리라. 예수님이 요구하신 내용을 읽고 여전히 그분을 따르고 싶은지 스스로

에게 물어보라.

그리스도께서 요구하시는 내용이 무엇인지 오해할 소지는 전혀 없다. 그분을 따르는 제자가 극히 적었던 이유가 이 때문이다. 자기를 따르라는 예수님의 요청은 죽음의 요청이었다. 그분을 따르는 대가는 매우 분명했다. 예수님은 처음부터 이 점을 분명히 알려 주셨고 아직 헌신할 준비가 되지 않은 일에 스스로를 던지기 전에 그 대가를 계산해 보라고 말씀하셨다. 오늘날 우리는 긍정적인 부분만 말하기를 좋아한다. 즉 은혜와 축복에 대해서만 이야기하려고 한다. 물론 은혜와 용서와 자비는 복음의 핵심이다. 그러나 동시에 예수님은 복음을 받아들이는 대가가 얼마나 큰지 단도직입적으로 말씀해 주셨다. 하지만 우리는 이런 사실을 완전히 외면한다.

이렇게 해서 우리는 그리스도인이 된다는 것이 무슨 의미인지 그 본질의 핵심을 잃어버렸다. 그리스도인이 된다는 것은 하나님의 영광을 섬기는 상위의 목적을 위해 우리 자신의 욕망과 육신을 철저하고 완전하게 포기한다는 뜻이다. 자신에 대해서는 죽고 그리스도로 옷 입는다는 뜻이다. 우리가 택한 길이 바로 이런 길이다.

> 무리와 제자들을 불러 이르시되 누구든지 나를
> 따라오려거든 자기를 부인하고 자기 십자가를
> 지고 나를 따를 것이니라 누구든지 자기 목숨을
> 구원하고자 하면 잃을 것이요 누구든지 나와 복음을

> 위하여 자기 목숨을 잃으면 구원하리라
> 사람이 만일 온 천하를 얻고도 자기 목숨을 잃으면
> 무엇이 유익하리요 사람이 무엇을 주고
> 자기 목숨과 바꾸겠느냐
>
> (막 8:34-37)

예수님의 말씀대로라면 그분을 따르는 길은 아무 대가도 치르지 않는 평안이 보장된 길이기는커녕 모든 것을 다 포기할 각오를 해야 하는 길이다. 예수님은 더 편안한 삶을 약속하시기는커녕 무서운 고난을 각오해야 하는 길이라고 경고하셨다.

> 그때에 사람들이 너희를 환난에 넘겨주겠으며
> 너희를 죽이리니 너희가 내 이름 때문에
> 모든 민족에게 미움을 받으리라 그때에 많은 사람이
> 실족하게 되어 서로 잡아 주고 서로 미워하겠으며
> 거짓 선지자가 많이 일어나
> 많은 사람을 미혹하겠으며 불법이 성하므로
> 많은 사람의 사랑이 식어지리라
> 그러나 끝까지 견디는 자는 구원을 얻으리라
>
> (마 24:9-13)

예수님은 거짓 선생들이 와서 "많은 사람을 미혹"할 것이라고 경고하셨다(11절). 누구도 빠짐없이 그리스도의 말씀을 부지런히 연구해야 하는 이유가 여기에 있다. 위의 말씀이 이상하게 들리거나 그동안 배운 내용과는 배치된다고 생각한다면 새로운 선생님을 찾아보아야 한다. 이 세상의 부요와 형통함을 약속하는 선생이라면 빨리 도망쳐라. 그리스도를 따르라는 부르심은 저 세상의 영원한 축복의 약속을 고대하며 이 세상에서 고난을 기쁨으로 견디라는 부르심이다.

> 인자로 말미암아 사람들이 너희를 미워하며
> 멀리하고 욕하고 너희 이름을 악하다 하여 버릴
> 때에는 너희에게 복이 있도다 그날에 기뻐하고
> 뛰놀라 하늘에서 너희 상이 큼이라 그들의 조상들이
> 선지자들에게 이와 같이 하였느니라
> (눅 6:22-23)

> 모든 사람이 너희를 칭찬하면 화가 있도다 그들의
> 조상들이 거짓 선지자들에게 이와 같이 하였느니라
> (눅 6:26)

고난이 낯설 때

고난은 미국 교회에서는 거의 입에 담지 않는 단어이다. 이런 교회의 현실이 모순적인 이유는 신약이 고난에 대해 반복적으로 이야기하기 때문이다. 한번은 고난이 성경 일부에서만 강조하는 내용이 아님을 보여 주기 위해 신약 전체에서 고난에 관한 구절을 모두 찾아 차례로 읽어 주며 설교를 한 적이 있다. 고난이란 표현은 한 번만이 아니라 수없이 많은 곳에서 사용되고 있었다. 신약에서 가장 분명하게 강조하는 교리 중에 하나가 고난이었다. 신약은 그리스도를 따르는 사람들이 그로 인해 고난을 당할 것이라고 반복해서 이야기한다. 사람들에게 미움을 받을 것이고 배척을 당할 것이다. 고난에 대한 메시지를 전하면 사람들은 낯설어하거나 처음 듣는 새로운 가르침처럼 받아들인다. 성경에서 이 가르침을 얼마나 분명하고 명확하게 강조하는지를 감안하면 분명히 정상적인 반응이 아니다. 그러나 우리는 고난에 대한 이야기를 입에 올리는 적이 거의 없다.

고난이 신약 전반에서 강조하는 매우 중요한 주제이지만 우리 교회에서는 완전히 잃어버린 개념이나 마찬가지라는 사실은 심각한 문제이다. 복음서를 공부할수록 나는 미국에 살고 있는 사람들이 그리스도인이 된다는 의미에 대해 매우 왜곡된 시각을 갖고 있다는 확신이 더욱 강하게 든다. 우리 교회들의 수준이 이 정도인 것은 바로 이런 이유 때문이다. 기독교에 대한 왜곡된 시각은 왜곡된 교회를 양산할 뿐이다. 그러나 완전히 다시 교회를 시작한다면 어떻게 되겠는가? 지금 '교회'라고 하는 것을 완전히 없애 버리고 진정한 그리스도인들과 다시 시작한다면 어떠하겠는가?

이란의 한 가정 교회 출신의 성도(다 알겠지만 이름을 말할 수는 없다)의 설명에 따르면, 이란에서 그리스도인이 되고 싶은 사람은 믿음을 지키기 위해 재산을 몰수당하고 감옥에 갇히고 순교를 당할 각오를 하기로 동의하는 선언문에 서명을 해야 한다. 이란에서는 많은 그리스도인들이 체포되어 처형을 당하거나 오랫동안 감옥 생활을 하기도 한다. 기독교에 대한 성경적인 이해를 가진 사람들로 교회가 구성될 때 성도의 교제는 완전히 달라질 것이다. 흥미롭게도 일부 조사는 이란이 세계에서 가장 빠르게 기독교 인구가 늘어나고 있음을 보여 준다.[2]

이라크의 교회를 방문하고 돌아온 친구에게 미국 교회와 이라크 교회의 가장 큰 차이가 무엇이냐고 물어본 적이 있다. 그는 "우리가 성화라고 부르는 상태를 그들은 꼭 필요한 전제조건이라고 부르더군요"라고 대답했다. 다시 말해서 우리는 복종에 대한 결심이 일생에 걸쳐 진행되는 과정인 양 행동하며 하나님께 어떤 것들을 내어드릴지 서서히 결정한다는 것이다. 반면에 이라크의 성도들은 예수님이 가르치신 그대로 가르친다. 그들은 대가를 계산하고 모든 것을 다 내어드려야 한다. 그렇지 않고서는 그리스도를 따를 수 없다. 교회에 참여할 수가 없다.

오래 전에 중국에 있을 때 지하 교회 모임을 방문하여 박해에 대해 물어본 적이 있다. 일어서서 간증하는 사람들은 각기 자신이 당한 박해에 대한 이야기를 들려주었다. 때로 그들은 정부 관리가 들이닥쳐서 벽 속으로 숨어야 했다. 어떤 이들은 총격을 피해 도망간 적도 있었다. 그러나 그들이 그 이야기를 할 때 어떤 표정을 짓고 있었는지 아는가? 모두가 잔치를 즐기는 것처럼 행복하게 웃고 있었다. 총에 맞은 이야기를 하며 웃는 그들의 모습이 너무나 이상하고 도무지 이해가 되지 않았다. 그러나 그들은 그런 위험에 굴복하지 않았다. 모두 다 예상했던 일이었기 때문이다.

그들은 기도를 드릴 때 어떤 위험한 곳도 마다하지 않겠다고 하나님께 큰 소리로 고백했다. "주님을 위해서라면 어떤 고난이라도 기꺼이 감수할 수 있습니다. 안전한 곳에 숨어 있지 않겠습니다. 그렇습니다. 주님의 이름으로 죽기에 합당한 자로 여김을 받기를 원합니다." 그들은 이렇게 기도했다. 만약 이런 사람들의 모임이 있다면 누가 이들을 멈추게 할 수 있겠는가? 교회가 원래 지향해야 하는 모습이 바로 이런 모습이다. 누구도 저지할 수 없는 군대처럼 공격을 받으면 언제라도 다시 싸울 준비가 되어 있어야 한다.

그 뒤로 중국의 전체 교회 네트워크를 이끄는 사람과 이야기했던 내용이 기억이 난다. 그는 어떤 이유에서인지 중국 당국이 다소 종교적 자유를 허용하던 시기가 있었다고 말해 주었다. 그는 당국의 의중을 확인해 보기 위해 지상에 교회 건물을 짓기로 했다. 오직 어떤 상황이 전개될지 확인해 보고 싶어서였다. 그의 교회는 2천 명의 교인이 출석하는 교회로 성장했다. 그러자 당국에서 들이닥쳤고 아니나 다를까 교회를 폐쇄시키고 그와 나머지 목회자들을 끌고 갔다. 그는 당시를 회고하며 그 일로 다시 잃어버린 신앙의 야성을 회복할 수 있었고 그래서 정말 감사하게 생각한다고 말했다. 체제의 변화로 이전의 순수한 신앙을 잃어버리고 타협의 적신호가 켜지던 차였다. 대규모로 모여 예배를 드릴 수 있게 되자 사람들은 단순히 설교를 들으러 교회로 오기 시작했다. 자리에 편하게 앉아 설교를 듣는 데 점점 익숙해지자 성도들은 믿음을 삶으로 실천하도록 독려해도 시큰둥하게 반응했다. 주님은 마치 훨씬 더 강하게 재건하기 위해 그들을 다시 무너뜨리신 것 같았다. 그렇게 해서 그들은 다시 이전의 야성적인 믿음을 회복했다.

나아가 그들은 다섯 기둥으로 가정 교회 운동을 시작했다고 더 자세히 이야기해 주었다. 그는 기둥에 이름을 붙여 설명하기 시작했고 나는 처음부터 그의 말을 잘 따라갔다. 첫 번째 기둥은 기도에 대한 깊은 헌신을 토대로 했다. 두 번째 기둥은 하나님의 말씀에 대한 헌신이었다. 설교자가 아니라 모두가 하나님의 말씀을 배우고 읽는 데 초점이 맞추어졌다. 세 번째 기둥은 복음을 전하는 데 헌신하는 것이었다. 그래서 모든 교인이 복음을 전하도록 했다. 이 첫 세 기둥은 샌프란시스코에서 우리가 시도하고 있는 것과 상당히 일맥상통하다는 생각이 들었다. 네 번째 기둥은 기적에 대한 꾸준한 기대였다. 기도 생활 때문에, 그리고 성경에 대한 믿음 때문에 그들은 초자연적인 역사를 기대했다. 우리도 점점 주님의 초자연적 역사를 더 기대하고 사모하고 있다.

그러다가 그는 다섯 번째 기둥에 대한 설명으로 나를 완전히 충격에 빠뜨렸다. "다섯 번째 기둥은 그리스도의 영광을 위하여 고난을 받아들이자는 것입니다." 와우! 그는 고난을 받아들인다는 원리의 기둥으로 그들의 교회를 짓고 있다고 말했다. 나는 그런 생각을 한 번도 해본 적이 없었기 때문에 그의 말이 너무나 이상하다고 생각했다. 그러나 그의 말을 곱씹을수록 그들이 그 기둥을 포함시킨 것이 옳았다는 확신이 들었다. 성경은 시종일관 고난에 대해 말하고 있었다. 그들은 신약에서 권면하는 대로 교회를 위한 계획에 고난을 포함시켰다. 그것은 그들의 열매로 드러났다. 그들의 교회가 어디로 가든지, 무엇을 하든지 원래 DNA를 충실하게 고수했을 때(어떤 대가를 치르더라도) 예수님을 위해 불타오르는 성도들의 무리를 낳을 수 있었다.

사도행전 5장 40-41절에서 초대 교회에 대해 읽은 내용이 바로 이런 것이었다. "그들이 옳게 여겨 사도들을 불러들여 채찍질하며 예수의 이름으로 말하는 것을 금하고 놓으니 사도들은 그 이름을 위하여 능욕 받는 일에 합당한 자로 여기심을 기뻐하면서 공회 앞을 떠나니라." 여기서 "그 이름을 위하여 능욕 받는 일에 합당한 자로 여기심을 기뻐하면서"라는 구절을 잠시 생각해 보라. 어떻게 이런 사람들을 포기하도록 만들 수 있겠는가? 유대 당국이 초대 교회와 맞닥뜨린 문제가 바로 이것이었다. 그들은 이렇게 푸념하고 있었다. "어떻게 해야 이 사람들을 중단시킬 수 있는가? 처형을 시켜도 더 기뻐하며 찬양한다. 고문을 해도 기뻐하며 집으로 돌아간다. 도무지 중단시킬 방법이 없다. 더 이상 저 사람들의 말을 듣지 못하게 다 죽여 버리면 어떻게 되겠는가? 그들은 이마저도 기뻐한다. 박해를 받을수록 그들은 더욱 강해진다."

전 세계의 수많은 그리스도인들처럼 고난을 받아들이지 않으면 우리는 포기할 줄 모르는 교회를 얻지 못할 것이다. 대적은 우리가 그곳에 이르지 못하도록 치열하게 방해하고 있다. 우리가 일단 그곳에 도달하면 자신이 발붙일 곳이 없기 때문이다.

이 세상의 것을 본받지 말라

지난 10년 동안 그리스도인들이 사람들의 생각과 감정을 점점 더 깊이 이해해가는 모습을 보는 것은 매우 신선한 경험이었다. 이제 그들은 성급하게 사람들을 판단하고 낙인찍기보다 사람들의 이야기에 귀 기울이고 그들의 상처와 갈망을 이해하려고 노력한다. 참 아름다운 모습이 아닐 수 없다. 그러나 그렇게 함으로 많은 사람들이 충격적인 실수를 저질렀다. 하나님의 생각과 갈망을 놓쳐 버린 것이다. 사람들에 대한 연민에 치우쳐 하나님의 거룩하심을 무시해 버렸다. 어떤 문제에 대한 하나님의 뜻이 어떤 인간의 생각이나 경험보다 더 중요하다는 사실을 망각해 버렸다. 혹은 모든 인간의 생각과 감정은 하나님의 생각에 비하면 아무것도 아님을 망각해 버렸다.

> 사람은 다 거짓되되
> 오직 하나님은 참되시다 할지어다
>
> (롬 3:4)

우리는 사람들의 상태에 민감하게 반응하려고 노력하다가 종종 진리를 망각해 버릴 때가 있다. 이렇게 될 때 우리는 더 이상 사람들을 돕는 것이 아니라 오히려 망치게 된다. 진정한 긍

흄은 한 개인이 현재적으로 느끼는 감정보다 훨씬 더 많은 부분을 고려한다. 마지막 심판의 날에 그 사람이 어떤 심정일지를 고려하는 것이다. 열린 마음과 동정심이라는 미명하에 이루어지는 어떤 일이 실제로는 이기심과 비겁함의 발로일 수 있다. 우리는 용납 받기를 원하기 때문에 남의 말에 귀 기울이고 극진한 애정을 표현하며 책망하는 일은 꺼린다. 이런 태도가 사랑이라면 선지자들과 사도들과 예수님은 지상에서 살았던 가장 냉정한 사람이었을 것이다.

반대로 예수님은 사랑이 극진하셔서 일생 배척당하는 고통을 기꺼이 감당하셨다. 심지어 십자가에서 아버지에게 배척당하는 고통도 감내하셨다. 예수님은 하나님의 거룩하심과 죄악의 혐오스러움을 절대 잊지 않으셨다. 진리를 대변하는 대가를 감당하셨고 참된 사랑은 종종 거부당할 수도 있음을 보여 주셨다. 이것이 예수님의 방식이었다. 사랑의 방식도 이러하다.

우리가 전 세계의 우리 형제자매들처럼 물리적 고통을 피해 달아날 일은 없을지 모르지만, 많은 사람이 배척과 거부의 고통으로부터는 피해 달아나고 있다. 점점 더 많은 사람들이 누군가를 불쾌하게 하고 싶지 않다는 이유로 자신들의 신념을 타협하고 희석시키는 모습을 보인다. 세상에 맞서 담대하게 스스로의 신념을 밝힘으로 박해를 기꺼이 감수하는 대신, 우리를 용납하도록 설득하기 위해 세상을 용납하기 시작한다. 이런 길은 결코 가서는 안 되는 길이다.

> 세상이 너희를 미워하면 너희보다 먼저 나를
> 미워한 줄을 알라 너희가 세상에 속하였으면
> 세상이 자기의 것을 사랑할 것이나
> 너희는 세상에 속한 자가 아니요 도리어 내가
> 너희를 세상에서 택하였기 때문에
> 세상이 너희를 미워하느니라 내가 너희에게
> 종이 주인보다 더 크지 못하다 한 말을 기억하라
> 사람들이 나를 박해하였은즉 너희도 박해할 것이요
> 내 말을 지켰은즉 너희 말도 지킬 것이라
>
> (요 15:18-20)

예수님은 바리새인들과 대면하셨을 때 에둘러 말씀하지 않으시고 "독사의 자식들"(마 3:7; 12:34; 23:33; 눅 3:7)이나 이에 못지않은 독설적인 표현들로 그들을 공격하셨다. 성전에서 환전을 하고 제사에 쓸 짐승들을 팔아 돈을 버는 사람들을 보셨을 때는 하나님의 성전을 더럽힌다고 비판하시며 상을 뒤엎어 버리셨다(마 21:12-17; 막 11:15-19; 눅 19:45-48; 요 2:13-22). 예수님은 바리새인들의 위선과 환전꾼들의 탐욕과 무례함을 보고 거룩한 분노를 느끼셨다. 예수님 외에 그 누구도 이런 두 부류의 사람들이 짓는 죄에 대해 문제의식이 없었다는 사실이 충격적이지 않은가? 성전을 찾은 유대인들 중에 바리새인들의 위선을 지적하거나 하나님의 성전에서 자행되는 악한 행위에 대해 분노하는 이들의 모습은 보이지 않았다. 그들은 그런 형태에 무감각해져 있었다. 그것은 이미 문화의 일부로 자리 잡고 있었다.

마찬가지로 우리 역시 이미 우리 문화의 일부로 자리 잡았기 때문에 교회에 죄가 침투하도록 방치하는 데 너무나 익숙해져 있다는 생각이 든다. 21세기 세상의 문화는 매우 자기중심적이다. 원하는 것이 있으면 무조건 쟁취해야 한다. 배우자에게 헌신하기로 서약했다 해도 문제가 되지 않는다. 그 사람이 더 이상 당신을 행복하게 해주지 않으면 당신은 그 사람을 떠날 권리가 있다. 당신을 판단할 권리는 그 누구에게도 없다. 가장 중요한 것은 당신을 있는 그대로 사랑하는 것이다. 교회를 이런 식으로 운영하기 시작하면 우리의 신학을 사람들의 욕망에 맞추기 시작하고, 끝내 그들의 죄를 묵인하고 부추기는 방향으로 흘러가게 된다. 이런 태도는 하나님께 매우 추악하고 모욕적이다. 교회에서 절대 용납해서는 안 되는 일이다. 우리는 우리 문화보다 하나님 나라의 가치를 중요하게 여겨야 한다.

예수님과 사도들은 말과 가르침이 철저히 반문화적이었기 때문에 박해를 받았다. 우리 시대의 문화는 예수님 당대의 문화 못지않게 추악하며 사실상 그때보다 더 추악하다. 교회의 가르침은 세상의 가르침과 근본적으로 달라야 한다. 반발이 뒤따를 것이고 교인들의 교회 출석률이 낮아질 수도 있겠지만 교회는 거룩하게 될 것이다. 우리는 인간 중심적인 신학을 버리고 하나님 중심적인 신학으로 돌아가야 하며, 필요하다면 기꺼이 상을 엎어 버리고 그로 인한 고난을 각오해야 한다.

예수님을 따를 때 고난은 뒤따른다

기꺼이 고난을 감수하고자 하는 태도가 반드시 필요하기는 하지만 고난의 신학을 구체화하고 실제적으로 적용하는 문제는 신중해야 한다. 성경은 금욕주의를 지향하지 않는다는 점을 기억하라. 고난 자체를 위해 고난을 받아서는 안 된다. 우리는 예수님을 추구하며, 예수님을 따를 때 고난은 뒤따를 수밖에 없다. 성도인 우리는 매일 그리스도 그분 자체와 그리스도 닮기, 그리스도께서 맡기신 사명을 추구해야 하며 이런 모든 일은 반드시 고난을 동반한다. 우리는 앞만 바라보도록 양옆에 가리개를 한 말처럼 오직 우리 앞에 놓인 목표만 바라보아야 한다. 예수님만 바라보며 쫓아갈 때, 우리는 사방에서 박해의 물결이 들이닥치게 될 것을 알고 있다.

고난을 회피하며 배타성을 배격하는 기독교 문화를 조성하는 이유는 어떤 면에서 주님을 그만큼 소중하게 여기지 않기 때문이다. 우리는 예수님을 원하지만 그분을 위해 무작정 희생하고 싶지는 않다. 그분을 원하지만 이 세상에서 최대한 즐기고 누리기를 원한다. 복음은 다른 형태의 '복음들'과 대등한 가치를 지니거나 심지어 그보다 하위에 위치한다. "결혼했어요." "임신했습니다." "자이언트 팀이 월드 시리즈에서 우승했습니다." "하나님이 육신이 되어 우리 죄를 위해 십자가에 못 박히시고 무덤에서 부활하셨으며 세상을 심판하러 다시 오실 것입니다." 우리는 복음보다 소위 다른 종류의 복음에 더 열광적으로 반응한다. 이런 태도가 하나님께 얼마나 모욕적일지 생각해 보라.

우리는 십자가의 무력함을 묵상하고 생각하는 시간을 가져야 한다. 전능하시며 전지하신 하나님은 말씀으로 우주를 창조하셨지만 자기 아들을 보내어 흉악한 죄인으로 죽음을 당하게 하셨고 그로 인해 우리는 그분과 영원히 함께할 수 있게 되었다. 우리는 그분과 영원히 함께 살게 될 것이다! 이 말씀을 얼마나 많이 들었는지는 중요하지 않다. 아무리 이 복음을 많이 들었다 하더라도 엎드려 그분을 경배하지 않는다면 무엇인가 문제가 있는 것이다!

상황이 힘들고 어려워도 이렇게 영원을 바라볼 때 우리는 현실에 매몰되지 않고 주님을 사랑할 수 있다. 예수님이 우리를 위해 하신 일과 우리 대신 치르신 희생과 견디는 자들에게 약속하신 영생의 형언할 수 없는 아름다움을 정확히 이해할 때, 우리는 그분과 사랑에 빠질 수밖에 없고 우리 목숨을 기쁨으로 그분께 내어주고 싶을 정도로 그분을 사랑하게 된다.

> 또한 모든 것을 해로 여김은 내 주 그리스도 예수를
> 아는 지식이 가장 고상하기 때문이라 내가 그를
> 위하여 모든 것을 잃어버리고 배설물로 여김은
> 그리스도를 얻고 그 안에서 발견되려 함이니
> 내가 가진 의는 율법에서 난 것이 아니요 오직
> 그리스도를 믿음으로 말미암은 것이니 곧 믿음으로
> 하나님께로부터 난 의라 내가 그리스도와
> 그 부활의 권능과 그 고난에 참여함을 알고자 하여

> 그의 죽으심을 본받아 어떻게 해서든지
> 죽은 자 가운데서 부활에 이르려 하노니
>
> (빌 3:8-11)

위의 성경 구절을 읽고 이 내용이 본인의 모습과 일치하는지, 그리고 다른 사람들에게 이런 평가를 받고 있는지 스스로에게 물어보라. 사도 바울은 예수님을 알고 싶은 마음이 얼마나 간절했던지 그리스도의 고난에 동참하는 고난의 친교를 원할 정도였다. 예수님이 온몸을 결박당하고 채찍에 맞고 계시는데 당신이 예수님의 맞은편에 있다고 생각해 보라. 예수님을 바라보며 얼굴과 얼굴을 맞대고 그분의 그 고통을 생생히 느낄 수 있다. 말로 표현하기 어려울 정도로 극심한 고통을 느끼겠지만, 그분의 눈을 본 당신은 하나님의 아들이자 만물의 창조주와 함께 있음을 알 수 있으며 그분의 고통에 기꺼이 함께할 것이다. 바울은 극도의 고통이 수반되는 과정이라 하더라도 예수님을 깊이 알기를 간절히 사모했다.

우리가 도달하기를 원하는 사랑의 수준이 있고 우리는 실제로 그 수준에 도달할 수 있다. 마치 그분 옆에 나란히 십자가에 못 박힌 것처럼 느낄 정도로 주님과 깊은 친밀함을 누리기를 원한다. 명성과 안락한 삶과 재물처럼 인생의 모든 것을 잃을 수도 있지만 그 모든 것은 한 줌 배설물에 불과하다고 생각한다. 그리스도를 아는 지식에 비교하면 그 모든 것은 무가치할 뿐이다. 고난이 그렇게 중요한 이유는 고난을 통해 예수님을 더욱 깊이 알게 되기 때문이다. 고난을 통해 그분의 부활의 권능을 알게 되고 그 고난에 참여함을 알게 된다.

고난은 사랑이 동기가 되어야 한다

> 내가 내게 있는 모든 것으로 구제하고
> 또 내 몸을 불사르게 내줄지라도
> 사랑이 없으면 내게 아무 유익이 없느니라
> (고전 13:3)

하나님은 단호하신 분이다. 우리가 고난을 자처하는 이유는 사랑이 동기가 되어야 한다. 성부 하나님(요 3:16)과 성자(요 15:13)께서 바로 이 일에 모범을 보여 주셨다. 사랑이 아닌 다른 이유로 희생한다면 그 희생은 아무 의미가 없다. 선교사로서 고난을 감수하겠다는 결심만으로는 충분하지 않다. 하나님은 어떤 종족 집단에게 복음을 전하고 싶어 하는 이들에게 하나님을 모르고 방황하는 그들의 상태를 보고 가슴 아파하며 그들에게 복음을 전하기 위해 목숨까지 희생할 수 있을 정도의 사랑을 요구하신다.

다른 누군가를 위해 희생했던 때는 마지막으로 언제인가? 내 생각이 틀리지 않았다면 이런 태도가 복음의 중요한 핵심이 아닌가? 매일의 삶으로 이런 사랑을 실천하지 않고 가족 외에 그 누구를 위해서도 희생할 수 없다고 생각한다면 당신의 인생을 심각하게 점검해 보아야 할 것이다. 그리스도인들과 세상 사람들은 바로 이런 부분에서 차별성을 지닌다. 우리는 사람들을 사랑하고 심지어 원수까지 사랑하기 때문에 고난을 감수한다.

자녀들을 원해서 입양을 선택한 친구들이 있다. 또한 아이들을 사랑해서 입양을 선택한 친구들도 있다. 이것은 아주 큰 차이가 있다. 어떤 친구들은 위탁 제도의 혜택을 받지 못하는 특수한 필요를 지닌 아이들이나 문제가 있는 아이들을 입양할 정도로 특출한 사랑을 보인다. 이런 사랑의 결정을 내린 가정은 종종 큰 고통을 감내해야 한다. 그 부부들에게 왜 이런 결정을 내렸는지 물어보면 그들은 보통 이런 식으로 대답한다. "그 아이를 입양했을 때 우리가 얼마나 힘들지 생각하는 게 아니라 그 아이를 입양하지 않았을 때 그 아이가 얼마나 힘들지 생각합니다."

우리는 다른 사람들을 사랑함으로 예수님의 손과 발이 된다. 예수님은 소외당하고 외면당하며 잊힌 사람들을 사랑하셨고 마지막에는 그분의 손과 발로 십자가에 못 박히셨다. 진정한 사랑은 우리의 중요한 것을 요구하며 우리를 고난의 길로 이끌어 갈 것이다.

새로운 기대들

사랑하는 자들아 너희를 연단하려고 오는 불 시험을
이상한 일 당하는 것같이 이상히 여기지 말고
오히려 너희가 그리스도의 고난에 참여하는 것으로

> 즐거워하라 이는 그의 영광을 나타내실 때에
> 너희로 즐거워하고 기뻐하게 하려 함이라 너희가
> 그리스도의 이름으로 치욕을 당하면 복 있는 자로다
> 영광의 영 곧 하나님의 영이 너희 위에 계심이라
>
> (벧전 4:12-14)

이 구절에 모든 것이 압축적으로 표현되어 있다! 베드로는 시련이 닥칠 때 "이상한 일 당하는 것같이" 놀라지 말라고 말한다(12절). 시련은 주님의 계획의 일부이다. 많은 사람이 거짓 복음을 가르침 받았기 때문에 고난이 찾아올 때 하나님의 주권을 의심한다. 성경은 고난을 당연히 예상해야 한다고 말한다. 실제로 "그의 영광을 나타내실 때에 너희로 즐거워하고 기뻐"할 수 있도록 고난에 참여해야 한다(13절). 그리스도께서 영광 중에 재림하시는 모습을 생각해 보라. 그분을 위해 견딘 고난을 생각하면 얼마나 기쁠지 상상해 보라. 이제 영원한 보상이 기다리고 있다. 베드로는 그리스도를 위해 배척당했던 이들에게 "복 있는 자로다 영광의 영 곧 하나님의 영이 너희 위에 계심이라"(14절)라고 말했다. 참 놀라운 말씀이다. 그는 기꺼이 고난당하고자 하는 우리 태도가 하나님의 성령이 우리와 함께하신다는 증거라고 말하고 있다. 고난은 우리가 진정한 그리스도인이라는 증거이다.

그리스도인들은 사후의 삶을 믿는 사람들이다. 교회는 신랑이 다시 오실 것이며 그분이 영원히 함께하기 위해 자신을 데려

갈 것임을 믿는 그리스도의 신부이다. 이 진리를 확신하는 사람은 믿지 않는 세상이 보기에 지극히 어리석은 행동을 삶으로 실천한다. 우리의 소망은 우리가 고난을 기꺼이 감수하는 동기로 작용한다. 우리는 인생의 덧없음을 이해하고 영광스러운 영원을 간절히 사모한다. 우리는 영원을 확신한다. 우리는 모든 것을 영원에 걸고 있으며 심지어 우리 목숨까지도 걸고 있다.

사도 바울은 우리가 아는 그 누구보다 많은 고난을 당했다. 자신의 개인적인 희생에 대해 이야기하면서 그는 "만일 그리스도 안에서 우리가 바라는 것이 다만 이 세상의 삶뿐이면 모든 사람 가운데 우리가 더욱 불쌍한 자이리라"(고전 15:19)라고 말했다. 그는 자신의 삶이 죽음으로 끝난다면 그의 행동이 얼마나 어리석을 것인지 알고 있었다. 하지만 육신의 죽음은 단지 시작일 뿐임을 확신했기 때문에 그것은 문제가 되지 않았다. 그의 인생의 고난은 우리 모두가 암송하고 있는 첫 구절을 그가 믿었다는 증거였다. 그는 "멸망하지 않고 영생을" 얻을 것임을 알았다(요 3:16). 이것이 복음이다. 그는 고난이나 죽음을 두려워할 필요가 없었고 우리도 마찬가지이다.

그러므로 고난을 기대하고 바라며 고난을 당할 때 기뻐하라. 이것이 우리의 본능이자 우리 유산이며 교회를 위한 하나님의 계획이다. 우리는 예수님을 무모하리만큼 사랑하여 결코 요동치 않는 사람들의 군대로 부르심을 받았다. 이 군대는 세상을 변화시킬 수 있는 힘을 지니고 있다.

> 이러므로 우리에게 구름같이 둘러싼 허다한
> 증인들이 있으니 모든 무거운 것과 얽매이기
> 쉬운 죄를 벗어 버리고 인내로써 우리 앞에 당한
> 경주를 하며 믿음의 주요 또 온전하게 하시는 이인
> 예수를 바라보자 그는 그 앞에 있는 기쁨을 위하여
> 십자가를 참으사 부끄러움을 개의치 아니하시더니
> 하나님 보좌 우편에 앉으셨느니라 너희가 피곤하여
> 낙심하지 않기 위하여 죄인들이 이같이 자기에게
> 거역한 일을 참으신 이를 생각하라
>
> (히 12:1-3)

이런 사고방식으로 우리 자신을 무장하자. 하늘을 기억하고 앞으로 다가올 미래를 생각하며 살아가자. 서로를 격려하여 더 높은 수준의 내어드림과 급진적인 담대함을 발휘하는 수준에까지 이르도록 하자. 고난 중에 기뻐하도록 서로를 격려하자. 우리는 성령 충만하고 복음 중심적이며 기도에 힘쓰는 그리스도인이 되기를 원한다. 그러나 또한 고난당하는 그리스도인이 되어야 한다는 것을 잊지 말자. 예수님이 바로 고난당하는 종이셨다. 포기하지 말고 끝까지 견디도록 하자.

이보다 더 분명할 수 없다
이제 성경 구절들을 인용하는 것으로 이 장을 마무리하고자 한다. 이것이 신약의 모호하고 개별적인 가르침이 아니라는 것을 분명히 밝히고 싶었기 때문에 이미 이 장에서 많은 성경 구절을 인용하였다. 성경 전체를 가르치지 않고 사람들의 구미에 맞는 부분들만 가르치는 교회에 다니는 사람이라면 이런 말씀들이 새롭게 다가올 수도 있을 것이다.

예수님은 그분을 따르면 고난을 당할 수밖에 없음을 분명히 하셨고 신약의 다른 이들 역시 이 점을 분명히 했다. 그러므로 다음 장으로 바로 건너뛰지 말기를 바란다. 그동안 나는 책을 읽을 때 익숙한 구절들을 대충 읽고 지나가는 잘못을 저지른 적이 많았다. 여기서는 부디 그렇게 하지 말라. 시간을 가지고 다음 구절들을 묵상하며 기도하는 시간을 가지라. 이 말씀들을 읽고 되새기다 보면 예수님과 놀라운 교제의 시간을 가질 수 있을 것이다.

> 성령이 친히 우리의 영과 더불어 우리가 하나님의
> 자녀인 것을 증언하시나니 자녀이면 또한 상속자
> 곧 하나님의 상속자요 그리스도와 함께한 상속자니
> 우리가 그와 함께 영광을 받기 위하여 고난도 함께
> 받아야 할 것이니라 생각하건대 현재의 고난은
> 장차 우리에게 나타날 영광과 비교할 수 없도다
>
> (롬 8:16-18)

> 마귀의 간계를 능히 대적하기 위하여
> 하나님의 전신 갑주를 입으라

우리의 씨름은 혈과 육을 상대하는 것이 아니요
통치자들과 권세들과 이 어둠의 세상 주관자들과
하늘에 있는 악의 영들을 상대함이라

(엡 6:11-12)

그리스도를 위하여 너희에게 은혜를 주신 것은
다만 그를 믿을 뿐 아니라
또한 그를 위하여 고난도 받게 하려 하심이라

(빌 1:29)

이는 하나님의 공의로운 심판의 표요
너희로 하여금 하나님의 나라에 합당한 자로
여김을 받게 하려 함이니 그 나라를 위하여
너희가 또한 고난을 받느니라

(살후 1:5)

너는 그리스도 예수의 좋은 병사로
나와 함께 고난을 받으라

(딤후 2:3)

무릇 그리스도 예수 안에서
경건하게 살고자 하는 자는 박해를 받으리라

(딤후 3:12)

그러므로 예수도 자기 피로써 백성을 거룩하게
하려고 성문 밖에서 고난을 받으셨느니라
그런즉 우리도 그의 치욕을 짊어지고
영문 밖으로 그에게 나아가자

(히 13:12-13)

부당하게 고난을 받아도 하나님을 생각함으로
슬픔을 참으면 이는 아름다우나
죄가 있어 매를 맞고 참으면 무슨 칭찬이 있으리요
그러나 선을 행함으로 고난을 받고 참으면
이는 하나님 앞에 아름다우니라 이를 위하여
너희가 부르심을 받았으니 그리스도도
너희를 위하여 고난을 받으사 너희에게 본을 끼쳐
그 자취를 따라오게 하려 하셨느니라

(벧전 2:19-21)

형제들아 세상이 너희를 미워하여도
이상히 여기지 말라

(요일 3:13)

그가 우리를 위하여 목숨을 버리셨으니
우리가 이로써 사랑을 알고 우리도 형제들을 위하여
목숨을 버리는 것이 마땅하니라 누가 이 세상의

재물을 가지고 형제의 궁핍함을 보고도
도와 줄 마음을 닫으면 하나님의 사랑이 어찌
그 속에 거하겠느냐 자녀들아 우리가 말과 혀로만
사랑하지 말고 행함과 진실함으로 하자

(요일 3:16-18)

너는 장차 받을 고난을 두려워하지 말라 볼지어다
마귀가 장차 너희 가운데에서 몇 사람을
옥에 던져 시험을 받게 하리니 너희가 십 일 동안
환난을 받으리라 네가 죽도록 충성하라
그리하면 내가 생명의 관을 네게 주리라

(계 2:10)

8. 야생의 신앙을 회복하라

상파울루에서 날로 성장 중인 교회의 목사님과 점심 식사를 하고 있었다. 교회의 놀라운 성장세를 직접 확인했던 나는 격려할 목적으로 그를 칭찬하기 시작했다. 하지만 그는 칭찬하는 내 말을 가로막고 이렇게 말했다. "맞습니다. 하지만 우리 교회는 여전히 동물원과 너무나 흡사하다는 생각이 듭니다. 또한 동물원처럼 보이는 교회들이 너무나 많습니다. 우리는 이렇게 놀라운 동물들을 정글에서 데려와 전시용으로 우리에 가두어 두었습니다. 영화 〈마다가스카〉를 본 적이 있으신가요?" 나는 그가 무엇을 말하려고 하는지 즉각 알아차렸다.

그 영화는 동물원에 사는 '야생' 동물들의 무리로 이야기를 시작한다. 관객들은 모두 멋진 이국적인 동물들을 보고 감탄을 금치 못한다. 모두가 좋아하는 동물은 사자이다. 어린이들은 사자가 소리 높여 포효할 때마다 박수를 치며 신나서 웃음을 터뜨린다. 동물들은 대부분 이 동물원을 좋아한다. 그들은 아주 세심한 돌봄을 받는다. 항상 대기 중인 조련사들은 동물들에게 필요한 것을 모자람 없이 모두 조달해 주며, '야생'의 정글처럼 아주 꼼꼼하게 디자인한 서식처는 동물들이 안전하고 편안하게 생활하도록 철저히 관리한다.

그러나 얼룩말은 언제부터인가 야생의 세계를 동경하게 된다. 그는 자신이 동물원에 살아야 할 운명이 아니라는 느낌을 떨쳐 버릴 수가 없다. 얼룩말의 끊임없는 야생에 대한 동경으로 동물들 중 몇이 동물원을 탈출하는 사태가 벌어지고, 나중에 그들은 마다가스카의 정글에서 오도가도 못하는 신세가 된다. 영화는 유쾌하다. 길들여진 동물들이 야생에서 살아남으려고 좌충우돌하는 장면을 지켜보며 관객들은 웃음을 터뜨린다. 이 동물들은 원래 자유롭게 살도록 태어났고 야생에서 살기에 필요한 생존 본능과 신체적 특징을 모두 갖추고 있다. 그러나 동물원이라는 환경에 익숙해지다 보니 어느덧 그 환경에 길들여지고 야생에서는 쓸모없이 되고 말았다.[1]

당신은 이 얼룩말처럼 느낀 적이 없었는지 궁금하다. 교회의 성실한 교인이었지만 무엇인가 더 중요한 것을 하도록 지음받았다는 생각을 떨쳐 버릴 수 없다. 심지어 야생에서 산다는 것이 어떤 느낌인지 이미 경험해 보았을지도 모른다. 해외 선교 여행으로 그런 경험을 했거나 동네 이웃들에게 용기를 내어 복음을 전하면서 이런 경험을 했을 수도 있다. 생생한 본능이 깨어나서 이전에 몰랐던 놀라운 기쁨을 경험했을지 모른다. 그러나 이제 모든 것이 통제되는 안락한 동물원에 갇혀 있다. 다시 야생의 생활로 되돌아가고 싶다.

동아시아에서 배우는 교훈

서울에서 대형 교회의 목회자들과 아침 식사를 하고 있었다. 7만 명이 출석하는 교회에서 사역 중인 한 목회자는 "어떻게 해야 교인들이 교회에 안주하지 않고 믿음으로 살아가도록 할 수 있을까요?"라고 물었다. 그는 교회가 양적인 성장을 도모하여 큰 성공을 거두었지만 이제 그들이 흩어져 복음을 전하며 믿음으로 살아가기를 원한다고 말했다. 그러나 이제 그들은 안락한 신앙생활에 익숙해져 있었고 교회를 떠나기를 원치 않았다.

더 작은 교회('불과' 4만 명이 출석하는 교회)의 목회자는 설립 목사님이 이 교회에 5년 이상 다니지 말라고 교인들에게 누누이 말했다고 이야기해 주었다. 5년이 지나면 그에게서 더 이상 배울 것이 없으리라는 이유였다. 5년이 지나면 18세가 된 자녀처럼 떠나서 새로운 여정을 시작할 시기인 것이다. 그러나 그들은 문제에 부딪히고 있었다. 사람들이 일명 동물원의 편안한 삶에 익숙해져서 떠나려고 하지 않았다. 실제로 그들은 동물원 밖에서 성공적으로 독립할 수 있다는 믿음이 더 이상 없었다.

베이징에서 지하 교회를 이끌었던 사역자들을 대상으로 강연을 하고 있을 때였다. 이제 중국에서 종교의 박해가 상당히 누그러진 상태였기 때문에 그들은 더 많은 종교의 자유를 누릴 수 있었고 이제 공개적으로 신앙생활을 할 수도 있었다. 그들은 교회 건물을 임대하고 미국에서처럼 예배를 드리기 시작했다. 잠시기는 했지만 참으로 행복한 경험이었다. 하지만 사역자들은 크게 낙담했다. 그들의 목소리에 묻어나는 좌절감과 절망감을 고스란히 그대로 전달할 수 있었으면 좋겠다. 그들은 옛날의 좋았던 시절을 이야기했다. 교인들은 목숨을 버릴 각오로 복음을 전했고 제자 삼는 일에 뜨거운 열정을 쏟았다. 그러나 이제 이 사역자들은 예배에 참석하는 교인들의 태도에 개탄하며 지도자들이 일방적으로 먹여 주고 구미에 맞춰 주기를 바라는 이들로 교회가 가득하다고 탄식했다. 그들은 한국에서도 이와 동일한 퇴보를 보았고 그들에게서도 같은 일이 일어날까 두려워하고 있었다. 모두가 자신들의 필요에 부응하고 편안하게 해줄 예수님과 교회를 원하고 있었다. 시작은 영적 각성 운동의 수준이었지만 이제는 안전하게 예배를 드리며 앉아 있는 한 무리의 사람들만 남아 있었다.

나는 딸과 함께 중국 지하 교회 집회에 참석했던 5년 전이 생각났다. 젊은이들은 간절히 주님을 구하며 하나님께 가장 위험한 곳으로 보내 달라고 기도했다. 그들은 실제로 순교할 각오가 되어 있었다. 그처럼 죽음도 불사하는 결연한 신앙을 어느 곳에서도 본 적이 없었다. 이 교회가 보여 주었던 예수님을 향한 두려움 없는 열정은 나로서는 감히 흉내조차 낼 수 없었다. 그들이 박해받았던 이야기를 들려줄 때 나는 감격했고 더 많은 이야기를 들려달라고 부탁했다. 잠시 후 그들은 이런 이야기에 왜 그렇게 흥미를 보이느냐고 내게 물었다. 나는 미국의 교회에서는 이런 신앙을 전혀 찾아볼 수 없다고 대답해 주었다. 사람들이 일주일에 단 한 번 90분 동안 진행되는 예배에 참석하고 이것을 '신앙생활'의 전부인 양 생각한다는 사실을 설명해 주면서 얼마나 당혹스럽고 부끄러웠는지 모른다. 더 나은 설교나 더 열정적인 찬양 혹은 자녀들을 위한 더 신나는 프로그램을 찾아 교회를 옮긴다는 사실도 이야기해 주었다. 미국의 교회 생활에 관한 실상을 알려 주자 그들은 웃기 시작했다. 단순히 작은 소리로 킥킥거리는 수준이 아니라 미친 듯이 웃고 있었다. 내가 마치 일인 코미디를 하고 있는 것 같다는 생각이 들었지만 나는 단순히 내가 경험한 그대로의 미국 교회의 실상을 알려 주었을 뿐이었다. 그들은 우리가 그들과 같은 성경을 읽고 그렇게 부적절한 반응을 할 수 있다는 사실이 웃음을 참지 못할 만큼 이해하기 어려운 모양이었다.

한번은 3만 명이 넘는 교인들이 출석하는 교회에서 사역하는 필리핀 출신 목회자와 대화를 나눈 적이 있었다. 그는 성경을 연구하도록 미국에 선교사들을 보냈지만 이제 결코 다시는 그런 실수를 하지 않겠다고 단호하게 말했다. 이 미래의 선교사들은 일단 미국에서 살게 되면 다시는 돌아오지 않았다. 안락함과 편안함을 한번 맛본 이후 미국 교회에서 좋은 조건의 사례비로 청빙을 받으면 미국에서 자녀들을 키워야 한다며 온갖 이유를 들어 귀국을 거부했다.

때로는 우리 눈에 보이지 않는 너무나 확실한 문제들을 지적해 줄 외부인들이 필요하다. 이 목사님은 이제 필리핀 내에서, 그대로 머무르고 싶은 유혹을 받을 일이 전혀 없는 환경에서 선교사들을 훈련한다. 이렇게 함으로 선교에 대한 열정을 그대로 고수할 수 있고 야생의 본능을 보존할 수 있다.

가상의 능력?

우리에게 하나님이 허락하신 능력에 대한 성경 말씀을 읽으면 너무나 과장된 터무니없는 말씀처럼 들리지 않는가? 극단적일지 모르지만 우리 생활 속에서나 교회에서 이런 능력을 실제로 경험하는 경우는 거의 없다. 이런 불일치는 성경 말씀에 대한 우리 믿음에 타격을 가할 수 있다. 실제 생활에서 절대 경험하기 어려운 기적을 성경이 왜 약속한다는 말인가? 그렇다면 성경 말씀은 정확하다는 사실과 오히려 교회가 우리의 힘을 의심할 지경이 되도록 우리를 길들여 왔을 가능성을 진지하게 고민해 보아야 하지 않겠는가?

어쩌면 우리는 동물원의 안락한 삶에 너무나 길들여져 있어서 '야생의 삶'을 신화로 치부할지 모른다. 우리 교회가 동물원이 아니라고 확신하는가?

지금 우리의 교회는 세상 끝까지 복음을 전하러 가는 두려움을 모르는 담대한 선교사들을 배출하기는커녕 부모님 지하실에 얹혀살면서 싱글 모임이 없다고 불평하는 청년들만 가득하다. 무엇보다 일주일에 한 번밖에 영적 양식을 공급받지 못하는 그리스도인이 어떻게 싱글들의 우리 밖에서 살아남기를 기대할 수 있다는 말인가? 이럼에도 우리는 하나님이 우리 가족을 가장 안전하게 지키도록 임무를 주셨으며, 우리의 유일한 관심사가 우리의 안전과 행복인 것처럼 하나님을 추구하기를 바라신다고 서로에게 확인시키느라 바쁘다.

교회여, 더 크고 멋진 우리를 짓는다고 이 문제가 해결되지 않는다. 가능한 한 야생과 비슷하게 보이도록 우리를 획기적으로 개선하는 것도 해결책이 아니다. 지금은 우리를 열고 우리 안에 있는 동물들에게 하나님이 주신 본능과 능력을 상기시키며 야생으로 돌아가도록 그들을 풀어줄 때이다. 앨런 허쉬는 "너무나 많은 교회들이 교회라는 제도 자체를 유지하는 것을 교회의 사명으로 삼게 되었다"라고 말한다.[2] 희생자 사고방식을 무너뜨릴 수 있는 방법은 그들에게 더 많은 것을 베풀어 주는 것이 아니라 그들을 우리 밖으로 내보내는 것이다.

> 그의 힘의 위력으로 역사하심을 따라 믿는 우리에게
> 베푸신 능력의 지극히 크심이 어떠한 것을
> 너희로 알게 하시기를 구하노라 그의 능력이
> 그리스도 안에서 역사하사 죽은 자들 가운데서
> 다시 살리시고 하늘에서 자기의 오른편에 앉히사
> 모든 통치와 권세와 능력과 주권과 이 세상뿐 아니라
> 오는 세상에 일컫는 모든 이름 위에 뛰어나게 하시고
> (엡 1:19-21)

"능력의 지극히 크심"(19절)이라는 표현을 자세히 살펴보라. 누군가가 이 진리를 마지막으로 알려 준 때가 언제인가? 이 말씀은 에베소서 3장 20절에서 바울이 한 말과 비슷하다. "우리 가운데서 역사하시는 능력대로 우리가 구하거나 생각하는 모든 것에 더 넘치도록 능히 하실 이에게."

이 진리를 실제로 믿는 것처럼 사는 이들의 이름을 세 사람만 이야기해 보라.

이 말씀은 우리 모두에게 당연히 해당되는 말씀이다. 설교할 때만 가르칠 수 있는 말씀이 아니다. 이런 믿음을 기르기 위해서는 실제적인 기도가 필수적이다. 우리는 사람들의 필요에 부응하는 데 보내는 시간을 줄이고 에베소서 1장과 3장의 바울처럼 기도드리는 데 더 많은 시간을 투자해야 한다. 이 심오한 진리를 깨달아 천박한 쾌락을 쫓거나 익숙한 편안함에 집착하지 않도록 더 확실하게 말씀을 가르쳐야 한다.

우리는 상상 이상으로 많은 것을 할 수 있다. 우리는 야생에서 살도록 만들어진 사나운 맹수와 비슷하다. 우리는 교회에 모일 때 "서로 돌아보아 사랑과 선행을 격려"해야 한다(히 10:24). 그렇다고 오해하지는 말라. 사자가 사육사들이 던져 주는 고기를 먹는 모습을 보고 있으면 즐겁다. 하지만 밀림에서 사자가 사냥하는 모습과 비교할 수는 없다. 이제 사람들이 다시 야생에서 살도록 훈련할 때이다. 우리 모임도 거친 야생의 맛을 느껴야 한다(물론 질서는 유지해야 한다). 사도행전과 고린도전서 12-14장을 읽고 교회에 어떤 일이 일어나고 있는지 확인해 보라. 그들은 질서 있게 행동하라는 권면을 받았지만 그와 동시에 하나님은 교회를 통해 놀라운 일들을 행하고 계셨다.

당신의 예배와 모임은 어떤 상태인가? 짐작하건대 야생이라는 단어와는 거리가 멀 것이다.

어린이들을 배제하지 말라

큰 소리로 발설하지는 않았지만 실제로 교회 로비에 5세 이하의 아이들은 예배당에 입장할 수 없다는 내용의 푯말을 설치한 적이 있다. 우리는 12세 이하 어린이들이 어른 예배가 아니라 어린이 프로그램에 참여하도록 권장했다. 동기는 순수했다고 생각한다. 영아들과 유아들로 인해 예배에 방해를 받고 싶지 않았고 아이들은 그들을 위해 특별히 마련된 프로그램에 참석하는 것이 더 교육적이라고 생각했다. 물론 지금도 여전히 이런 요인들을 고려해야 한다는 생각은 변함없다. 하지만 이보다 더 중요한 이야기가 있다.

성령께서 그리스도를 영접하는 개인에게 임재하신다면 주님을 믿는 어린이들도 온전한 성령의 임재하심을 경험할 수 있는가? 만약 그렇다면 그들 역시 그리스도의 몸을 세우는 데 필요한 은사를 갖고 있다고 할 수 있는가? 마태복음 18장에서 예수님이 어린이들에 대해 말씀하실 때 놀라울 정도로 강한 표현을 사용하신 점을 눈여겨보라.

예수님은 아이들이 그분에게 나아오는 것을 금하지 말라고 제자들에게 말씀하신 후 다음과 같이 이야기하셨다. 어린이들이 예수님을 둘러싸고 있고 일부는 그분의 무릎에 앉아 있을 때 예수님께서 주변 어른들에게 이렇게 말씀하시는 모습을 상상해 본다. "너희가 돌이켜 어린 아이들과 같이 되지 아니하면 결단코 천국에 들어가지 못하리라"(3절).

그 누구도 이보다 더 단호하게 말할 수 없을 것이라고 생각한다. 우리는 귀여운 어린이들에 대한 주님의 이 말씀을 듣고 훈훈함을 느끼기보다 두려운 마음을 가져야 한다. 어린아이와 같아야 천국에 들어갈 수 있다고 한다면 아이들을 본받기 위해서 주의 깊게 아이들을 살피고 관심을 기울여야 마땅하지 않겠는가? 예수님은 이어서 이렇게 말씀하셨다.

> 그러므로 누구든지 이 어린 아이와 같이 자기를
> 낮추는 사람이 천국에서 큰 자니라 또 누구든지
> 내 이름으로 이런 어린 아이 하나를 영접하면 곧
> 나를 영접함이니 누구든지 나를 믿는 이 작은 자 중
> 하나를 실족하게 하면 차라리 연자 맷돌이 그 목에
> 달려서 깊은 바다에 빠뜨려지는 것이 나으니라
> (마 18:4-6)

예수님의 언어가 이 이상 더 냉정할 수 있겠는가? 예수님은 이런 냉혹한 표현을 사용해 어린이들을 무시하거나 심지어 천대하는 이들을 책망하셨다.

"삼가 이 작은 자 중의 하나도 업신여기지 말라"라고 예수

님은 말씀하셨다. "너희에게 말하노니 그들의 천사들이 하늘에서 하늘에 계신 내 아버지의 얼굴을 항상 뵈옵느니라"(10절). '그들의 천사들'이라는 표현이 정확히 무엇을 의미하는지를 두고 의견이 분분하다. 정확한 의미가 무엇이든 간에 이 말씀은 고분고분하지 않은 아이들에게 너무나 쉽게 짜증을 내는 나와 같은 사람이 엄중하게 받아들여야 할 경고이다.

예수님은 "이와 같이 이 작은 자 중의 하나라도 잃는 것은 하늘에 계신 너희 아버지의 뜻이 아니니라"(14절)라고 주장하셨다. 예수님은 이 말씀을 하시기 직전에 우리 안에 안전하게 있는 아흔아홉 마리의 양이 아니라 잃어버린 한 마리 양에 대한 비유를 말씀하셨다. 이 구절에서 예수님이 어린이들에 대해 무슨 말씀을 하고 계시는지 알겠는가?

하나님은 우리와 달리 하나님 나라에서 어린이들과 그들이 맡은 역할을 매우 소중하게 여기신다. 우리는 이런 잘못을 회개하고 어린이들의 역할을 제대로 평가하기 위해 최선을 다해야 한다. 하나님은 어린이들을 단순히 의무적으로 돌봐야 할 대상이나 어른들을 방해하는 존재로 보지 않으신다. 이 성경 구절들을 읽고 우리는 어린이들이 예배에 함께 참여하도록 했고 그 결과는 놀라웠다. 어린이들이 예배와 성경 묵상을 통해 깨달은 내용을 이야기하는 것을 듣고 있노라면 영혼이 고양되고 큰 용기를 얻게 된다. 우리는 어린이들이 어른들을 위해 기도하도록 기회를 주었고 그 경험으로 겸허함을 배우게 되었다. 또한 큰 힘을 얻게 되었다. 아이들이 기도 중에 보이는 믿음과 단순한 신앙 간

증은 어른들이 결코 이룰 수 없는 수준의 효과를 발휘했다.

아프리카에서 얻는 교훈

나의 친구 젠은 매주 아프리카에서 250,000명이 넘는 아이들을 대상으로 제자 훈련을 하는 사역을 감당하고 있다. 이 어린이들은 실제로 미전도 종족들에게 다가가 병든 사람들을 낫게 하고 사람들에게 복음을 전한다. 어린이들이 이런 일을 할 수 있다니! 작년에(2017년) 이 어린이들은 169개 미전도 종족들에게 복음을 전했다. 성인 선교사들이 복음을 전한다는 죄목으로 죽음을 당했던 곳에서 이들은 당당하게 복음을 전하고 있다. 이 이야기들은 하나님께서 우리를 통해 하실 것이라고 상상조차 할 수 없었던 일들을 어린이들을 통해 이루고 계신다는 여러 이야기들 중 일부이다.

젠은 이 어린이들이 영적으로 깊은 어둠에 잠식당해 있던 마을을 찾아간 이야기를 들려준다. 매주 마을의 아이들이 영문도 모르고 죽어갔고 누구도 그 이유를 찾아낼 수 없었다. 이 어린이들은 두려움 없이 이 마을에 머물며 몇 시간이 넘도록 기도를 드렸다. 그들의 기도 덕분에 상황이 완전히 호전되었고 마을 아이들이 더 이상 이유 없이 죽어가는 일이 사라지게 되었다. 이 일을 계기로 마을의 많은 사람들이 예수님께로 돌아왔다. 어린이들이 단순한 신앙으로 예수의 이름을 선포하며 정령신앙 숭배자들과 무슬림인들을 낫게 한 이야기들도 많다. 미국의 우리 아이들은 요나에 대한 인형극을 보고 손동작으로 찬송을 배우고 있는 반면에 이 아이들은 여러 마을들을 변화시키고 있다니 위축이 되지 않는가? 지리적인 차이가 있으므로 이 수준에서 만족해야 한다고 생각하는가? 우리는 가장 소중한 우리의 자원을 허비하여 왔을지 모른다. 우리의 가장 중요한 자산을 마치 무거운 책임감으로 돌봐야 하는 존재로만 대해왔을지 모른다.

자녀들의 영적 야성을 일깨우라

우리는 아이들에게 그들이 가진 힘에 대해 알려 주는 작업을 시작해야 한다. 이런 일을 하지 않는 이유는 어린이들에 대한 기대가 없기 때문이고, 이런 태도는 교회의 중학생들을 대하는 태도에도 영향을 미친다. 우리는 그들의 유일한 목표가 음주를 하지 않거나 성관계를 하지 않는 것인 양 가르친다. 그러다가 고등학교에 들어가면 교회 출석을 계속하도록 비위를 맞추는 일에 집중한다. 이제 이들은 더 이상 잃어버린 양 한 마리가 아니다! 우리는 늘 해왔던 그대로 아이들을 과잉보호할 수도 있다. 하지만 아이들을 보호하고 길들이려고 하기보다 주님께 받은 능력을 발휘하도록 해야 할 필요가 있다. 어린 사자들이 계속 보호를 받도록 하기보다 타고난 공격 본능을 발휘하도록 훈련한다면 어떤 일이 생기겠는가? 이제 예수님의 말씀에 순종하여 우리 아이들에게서 배우는 자세를 가져야 할 때이다.

    나는 여러 자녀를 키우면서 자녀 양육에 만병 통치약 같은 완벽한 해결책은 없다는 사실을 충분히 알게 되었다. 자녀 양육은 우리가 감당해야 하는 가장 어려운 과제 중 하나이다. 그러니 내 방법만이 정답이라고 말하는 것이 아님을 이해해 주기 바란다. 나는 다만 이 담론에 한마디 거들 수 있기를 바랄 뿐이다. 나는 우리 아이들에게 경이로움을 느낀다. 하지만 그들의 놀라운 신앙이나 성취가 내 덕분이라고 말하지 않는다. 우리 아이들의 성취나 좋은 점은 100퍼센트 하나님의 은혜와 그들 안에 역사하시는 성령의 능력 덕분이다. 나는 이것을 확신하며 나의 아이들을 구원해 주시고 힘을 주신 데 대해 하나님께 감사를 드린다.

이런 사실들을 지적한 뒤로 홈스쿨링과 관련해 그리스도인 부모들에게 중대한 변화가 있었다. 홈스쿨링 자체의 문제점을 지적하려고 하는 것이 아니다. 나의 아이들은 지금까지 모두 공립학교를 다녔지만 앞으로도 계속 공립학교에 다니게 하겠다는 의미도 아니다. 다만 하나님께서 공립학교에서 놀라운 방식으로 우리 아이들을 사용하시는 것을 보았다고 말하는 것이다. 단순히 순결을 지키거나 마약과 술을 멀리하는 수준을 넘어서서 성령은 그들을 크게 사용해 주셨다. 우리는 아이들이 복음을 전하고 친구들을 예수님께로 인도하며 교실에서 공개적으로 진리를 대변하는 모습을 보았다. 그들은 교사들에게 대담하게 진리를 변호하고 여러 선생님들을 교회로 인도했다. 성령을 믿는다면 아이들의 이런 모습을 놀랍게 받아들일 이유가 없을 것이다.

어떤 이들은 자녀를 공립학교에 방치하는 것은 공정하지 않다고 말한다. 그들은 공립학교로 자녀를 보내는 것을 수영하는 법을 가르치기 위해 물결이 세찬 강으로 아이를 밀어 넣는 것과 마찬가지라고 말한다. 이것은 공정하지도 않고 가능하지도 않다. 하지만 이런 비판은 성령께서 그들의 삶에 제한적으로 역사하시거나 전혀 능력을 발휘하시지 않는다는 생각을 전제로 한다. 나는 우리 아이들을 올림픽에 출전한 수영 선수처럼 바라보기로 했다. 그들에게 학교에 파송된 선교사라고 말해 주었고 성령의 능력을 의지하면 어떤 어려움도 이길 수 있고 주변 사람들에게 영향을 미칠 수 있다고 말해 준다. 부디 성령을 의지하는 이 훈련이 미전도 종족 집단이나 포춘 500대 기업에도 유익하다는 것이 입증되기를 바란다.

다시 말하지만, 나는 모든 사람이 자녀들을 공립학교에 보내야 한다는 말을 하는 것이 아니다. 또한 아이들을 위험에 빠뜨리는 어리석은 짓을 해야 한다고 말하는 것도 아니다. 단지 아이들 속에 계신 하나님의 능력을 과소평가하는 잘못된 습성으로 중학교와 고등학교와 성인기까지 이어질 사고방식을 아이들에게 심어 줄까 걱정하는 것이다. 아마 우리의 용기 부족은 우리 안에 자리 잡기까지 상당히 시간이 걸렸을 것이다.

평범한 사람들로 일하게 하라

아이들에 대해 글을 쓴다고 정말 아이들에 대해서만 이야기하는 것은 아니다. 우리 아이들은 교회에서 우리가 기능하는 방식에 대한 적절한 하나의 사례일 뿐이다. 우리는 아이들을 과소평가하고 있으며 아이들을 믿고 독자적으로 행동하도록 할 경우 무슨 일이 일어날지 두려워한다. 그래서 아이들이 계속 즐거워하며 흥미를 가지도록 자원을 제공하고 교육하며 세상과 접촉을 줄이도록 노력한다. 이런 방식이 우리 교회의 평균적인 교인들을 대하는 방식과 실제로 어떤 차이가 있는가?

이렇게 우리 교회를 운영할 때 어린이들이나 평범한 교인들만 과소평가하는 잘못을 저지르는 것이 아니다. 성령을 과소평가하게 된다! 현대 교회는 하나님이 유능하고 매력적이며 부유한 소수의 사람들을 통해서 일하신다는 억측을 기반으로 세워져 왔다. 그리고 그 외 나머지 사람들에게는 이 지도자들과 영향력 있는 인물들을 통해 이루시는 일로 축복을 받을 수 있도록 안락한 자리를 제공한다.

솔직히 나는 미국 교회에 몸담고 있는 우리가 무릎을 꿇고 하나님의 성령을 이렇게 무시하는 태도를 회개해야 한다고 믿는다. 성령께서 모든 그리스도인을 통해 자신을 드러내신다는 성경의 명확한 말씀을 읽었지만 우리는 우리가 더 잘 아는 것처럼 그들이 중요한 일을 감당할 준비가 되어 있지 않다고 단정해 버렸고, 재능을 가진 소수가 힘든 일을 모두 도맡아 하는 것이 훨씬 효율적이라고 생각해 왔다. 성령께서 주변의 평범한 사람들을 통해 일하실 수 있다는 것을 믿지 않는다. 우리가 더 현명하다고 믿는다. 하나님께서 오만함의 터 위에 교회라는 제국을 건설한 우리를 부디 용서해 주시기를!

우리의 동물원이 아주 매력적이라는 것에 속지 말라. 동물들은 각자의 우리에서 편안하게 지내는 법을 실제로 배우고 적응했다. 많은 경우 청중은 자신이 실제로 야생에 있는 것처럼 착각할 수도 있다. 그러나 무엇인가 더 나은 세계가 있음을 우리는 알고 있다. 우리 속에 살도록 만들어진 존재가 아님을 알고 있다. 이제 더 이상 동물원을 짓고 유지하는 데서 벗어날 때이다. 야생 생활을 하는 교회가 된다는 것이 무슨 의미인지 알아볼 때이다.

파송

제자들을 부르시고 불과 몇 개월 후 예수님은 그들을 파송하셨다. 그렇다고 해서 이들이 제대로 훈련을 받았고 실수에서 자유롭게 된 것은 아니었다. 이것은 파송이 훈련의 일부라는 사실을 보여 준다. 예수님은 답답한 교실 환경에서 그들을 가르치시지 않았다. 그들은 예수님과 삶을 함께했고 그분에게 파송을 받았다. 예수님은 그들이 회개를 선포하고 귀신을 쫓아내며 병을 고치기를 기대하셨다(막 6:12-13). 그들을 보내는 것이 이리 가운데 양을 보내는 것과 같다고 하셨고, 그들이 미움을 받고 박해를 받을 것이라고 알려 주셨다(마 10:16-22). 취조를 받을 때 할 말을 생각나게 해주겠다고 예수님이 약속하신 때도 바로 이때였다. 그들은 최소한의 훈련을 받은 상태에서 극히 위험한 임무를 받고 파송되었다.

    이 사람들이 세계적으로 제자를 삼을 수 있었던 이유도 이 때문일 것으로 보인다. 오늘날 우리가 사람들을 훈련하는 방식과는 정반대이다. 이제 안락한 교실과 강당에서 몇 년간 사람들을 훈련하는 방식이 두려움 없는 제자들을 훈련하는 최선의 방법이 아니라는 것을 심각하게 고민해야 하지 않겠는가? 최근 다른 나라에서 일어난 운동들을 생각해 보라. 모두가 훈련을 받고 파송을 받을 대상이라는 믿음 덕분에 이 모든 운동이 가능했다. 다음의 보고를 살펴보라.[3]

- 동아시아에서 한 선교사는 이렇게 보고했다. "2000년 11월에 나는 3년짜리 계획을 시작했습니다. 다음 3년 동안 제가 선교하는 종족 집단을 대상으로 200개의 교회를 새롭게 개척하는 것이 저의 목표였습니다. 그러나 4개월 뒤 이미 그 목표를 달성했습니다. 6개월 뒤에는 이미 360개의 교회를 개척했고 10,000명이 넘는 새 신자들이 세례를 받았습니다. 이제 저는 저의 비전을 확장하게 해달라고 하나님께 기도하고 있습니다."
- "헤이룽장성 칭안현의 중국 그리스도인들은 한 달 만에 236개의 교회를 새롭게 개척했다." 2002년 중국의 교회 개척 운동으로 1년 만에 약 15,000개의 신생 교회가 생겼고 160,000명이 새 신자들이 세례를 받았다.
- "1990년대 들어 십 년 동안 라틴 아메리카 국가의 그리스도인들은 집요한 정부의 박해를 이기고 235개이던 교회가 4,000개가 넘게 늘어날 정도로 성장했고 현재 30,000명 이상의 회심자들이 세례를 기다리고 있다."
- "기독교에 적대적이었던 수백 년의 세월을 뒤로하고 많은 중앙아시아의 무슬림 교도들이 복음을 받아들이고 있다. 카자흐스탄에서는 [2004년 전 10년 동안] 13,000명

이상의 카자흐스탄인들이 믿음을 고백하고 300개가 넘는 새롭게 개척된 교회에서 예배를 드리고 있다."
- 아프리카의 한 선교사는 이렇게 보고했다. "이 나라에서 4곳의 교회를 개척하는 데 30년이 걸렸습니다. 그런데 지난 9개월간 65개의 교회를 새로 개척했습니다."
- 인도의 중심부인 마디야 프라데시주에서 시작된 운동으로 불과 7년도 되지 않아 4,000개의 교회가 새로 개척되었다. 인도의 다른 곳에서는 "1990년대에 오리사의 쿠이 사람들이 거의 1000개의 교회를 새로 시작했다. … 1999년에는 8,000명이 넘는 새 신자들에게 세례를 주었다. 2001년에는 24시간마다 교회가 새로 시작되었다."
- 외몽골에서는 교회 개척 운동으로 10,000명이 넘는 이들이 새롭게 믿음을 갖게 되었다. 내몽골에서는 또 다른 운동으로 50,000명이 넘는 이들이 신앙을 갖게 되었다. 모두 1990년대에 일어난 일이다.

우리 모두 이런 운동의 일원이 되고 싶지 않은가? 우리도 이런 놀라운 능력을 신자들에게서 보고 싶을 것이다. 성경에 비추어 보면 이런 기대가 터무니없는 것은 아니다.

교회는 아름다운 군대가 되어 온 세상에 빛을 비추도록 보내심을 받았다. 벙커에 함께 숨기보다 두려움 없이 그분의 복음을 들고 세상 끝까지 가야 한다. 사람들은 그분의 백성들이 모든 지각에 뛰어난 평강을 누리며 형언할 수 없는 기쁨으로 기뻐하는 것을 볼 때 경이로움을 느낄 것이다(빌 4:7; 벧전 1:8). 이런 구절들이 무엇을 말하고 있는지 생각해 보라! 이런 구절들은 권면하는 말이라기보다 지나치게 과장하는 말처럼 들린다. 당신이 누리는 놀라운 평화를 사람들이 믿지 못하겠다는 듯이 반응한 적이 있었는가? 왜 즐거워하고 기뻐하는지 도무지 이해가 되지 않는다는 말을 들어본 적이 있는가? 이런 놀라운 평화에 그분의 '능력의 지극히 크심'이 함께 나타난다고 생각해 보라(엡 1:19). 아마 도무지 외면하기 어려울 정도로 사람들의 주목을 받을 것이다. 우리는 너무나 많은 다른 전략들로 사람들의 관심을 유도하고자 노력했다. 형언할 수 없는 기쁨, 모든 지각에 뛰어난 평화, 측량할 수 없는 놀라운 능력을 지닌 성도들의 군대를 본다면 사람들이 어떤 반응을 보이겠는가? 어떻게 그들에게 관심을 갖지 않을 수 있겠는가?

사람들은 초대 교회에 매료되었다. 재물을 함께 나누고, 늘 기뻐하며, 모든 지각에 뛰어난 평화를 누리고, 측량할 수 없는 능력을 베풀며, 절대 불평하지 않고 늘 감사를 드리는 사람들에게 어느 누가 매료당하지 않겠는가? 어떤 사람들은 그들의 무리에 합류했고, 어떤 이들은 그들을 증오했지만, 그들을 무시하는 이들은 거의 없었다. 두려움 없이 복음을 전하는 그들을 사람들은 절대 무시할 수 없었다. 우리는 이들의 전통을 유산으로 물려받았다. 우리 DNA에 이런 모습이 내재되어 있다. 우리는 더 이상 사람들이 숨을 안전한 장소를 만드는 데 골몰하지 말고 세상으로 파송할 두려움을 모르는 전사들을 훈련해야 한다.

9. 하나님의 부르심에 응답하는 교회

다시 과거로 돌아가서 스물다섯 살의 나에게 쪽지를 건네줄 수 있다면 아마 다음과 같은 내용을 적을 것이다.

"리사와 꼭 결혼해. 후회하지 않을 거야."

"자식들을 많이 낳아. 맏이에 대해서는 걱정하지 마. 결국 좋아질 거야."

"하나님을 아는 일에 힘을 다해. 건성으로 섬기려 하지 마. 너는 주어진 과제를 완수하는 데 매몰되는 경향이 있어. 하나님은 너와 함께 앉아 교제하기를 바라셔. 그건 시간 낭비가 아니야."

"교회를 시작할 때 남들을 따라하려 하지 마. 새로운 시각으로 성경을 배우고 실제로 하나님이 무슨 명령을 하시는지 잘 찾아봐. 네가 원하는 대로 하고 싶거나 다른 사람들의 구미를 맞추고 싶은 유혹을 끊임없이 받을 거야. 하나님이 가장 원하시는 것을 해야 돼. 세월은 생각보다 훨씬 빠르게 지나가. 하나님을 뵈올 날이 생각보다 빨리 올 거야. 그러니 사람들에게 현혹되어 신념을 버리는 일이 없도록 해."

과거로 가서 지난 25년을 다시 살 수 있다면 사람들은 모두 다른 선택을 할 것이다. 내 인생의 한 가지 축복을 꼽는다면 실제로 완전히 새로 시작할 기회가 있었다는 사실이다. 하나님은 다른 교회를 시작할 기회를 주셨고, 이제 한층 성숙해진(바라기는 더욱 지혜로워진) 나는 젊었을 때와는 아주 다른 태도로 교회를 바라보게 되었다. 우리 교회는 여전히 교회의 이상적인 모습과 많이 동떨어져 있지만 나는 이런 과정을 기쁨으로 받아들이고 있다.

한편으로 애초에 이렇게 살았더라면 좋았을 것이라고 후회할 때도 있지만, 또한 나는 하나님께서 어떤 방법으로 내가 걸어온 지난날들을 사용하셔서 주님께 영광을 돌리게 하셨는지 알고 있다. 돌이켜보면 하나님이 나의 오만함마저 그분의 뜻을 이루는 데 사용하셨음을 확인하게 된다. 코너스톤 교회가 한창 성장하고 있을 때 일부 사역자들은 더 작은 규모의 교회들을 키우는 데 집중하는 것이 하나님이 원하시는 사랑과 순종을 기르기에 전략적으로 더 낫다는 사실을 설득시키려고 노력했다. 나는 오만하게 이렇게 생각했다. "그들은 교회를 키울 능력도 없고 나처럼 큰 비전도 없어서 교회를 작게 하려고 하는구나. 그들이 받은 세 달란트로 신실하게 섬기는 모습은 멋져. 하지만 하나님이 내게는 여덟 혹은 아홉 달란트를 주셨으니 나는 이 달란트를 신실하게 관리해야 할 책임이 있어." 공개적으로 이렇게 인정하기가 매우 당혹스럽지만 나의 이런 고백을 반면교사로 삼는다면 스스로를 점검하는 데 도움이 될 수 있으리라 생각한다. 지금 사역자들에게는 가능하면 대형 교회를 짓는 것이 최선의 방법이라는 사고가 만연해 있다. 어쩌면 나의 이런 부끄러운 과거에 대한 고백으로 작은 교회를 무능한 자의 태만함 탓이라고 보는 잘못된 생각을 버리고 작은 교회가 실제로는 성경적 확신에서 비롯된 선택이자 대중을 더욱 밀착해서 섬기고자 하는 소망의 발로일 수 있음을 알게 될지 모른다.

나는 많은 망설임 끝에 이 장을 쓰게 되었다. 지금까지 이 책은 이론의 여지가 없는 성경 진리를 다루어왔다. 어느 교회도 외면할 수 없는 죄 문제를 다루었고 이런 문제들은 하나님이 직접 입으로 말씀하신 명확한 명령이기에 망설일 이유가 없었다. 이런 명령들에 불순종하는 이들을 보고도 아무것도 할 수 없다면 심한 자괴감을 느낄 것이다.

교회에 대한 나의 현재 경험을 거론해서 문제를 복잡하게 하고 싶은 마음은 없지만 21세기 미국 사회에서 이런 명령들을 구체적으로 실행하는 방법에 대해 궁금하게 생각하는 사람들이 적지 않다. 이 장의 목적은 지금까지 언급한 명령들에 순종하려고 노력하는 차원에서 우리가 실행했던 일들을 소개하는 데 있다. 이런 명령들은 완벽하고 거룩하므로, 명령에 순종하기 위해 필요한 것이 있다면 기꺼이 바꾸겠다는 마음의 동기를 고취시키는 데 본서가 도움이 될 수 있기를 소망한다.

샌프란시스코의 우리 교회가 백만 명의 교회로 성장한다고 해서 말씀을 따르고자 하는 의욕이 더 생길 필요도 없고 또한 12명밖에 남지 않는다고 해서 의욕이 사그라들 필요도 없다. 하나님의 명령은 거룩하다. 이 명령들은 하나님이 직접 주신 명령이다. 이 사실만으로도 포기하지 않고 순종을 추구하고자 하는 강력한 동기로 작용해야 한다. 다음 주에 우리 교회의 사역자 한 명이 갑자기 도덕적인 잘못을 저지른다고 해서(하나님이 금하시는) 지금까지 적었던 모든 내용이 진리라는 사실이 부정되지 않는다. 물론 그동안 나 역시 이런 잘못을 저지른 적이 적지 않다고 생각한다. 정곡이 찔린 것 같다.

조직의 중요성

신약은 교회를 정확히 어떤 식으로 구성해야 하는지 구체적인 모델을 제시하지 않는다. 성경 저자들은 교회 구조에 대해 아주 명확한 모델을 제시할 수 있었음에도 오히려 재량을 발휘하도록 충분한 여지를 남긴다. 나는 이 점이 중요하다고 생각하며 이렇게 해서 일정 부분 교회의 신비를 보호하고 있다.

그렇다고 조직이 중요하지 않다는 의미는 아니다. 나는 오랫동안 교회에 다니고 목회하면서 의도성을 가지고 교회 조직을 구성해야 한다는 교훈을 배웠다. 조직은 교회가 나아갈 방향을 결정하기 때문이다. 견고하고 성경적인 조직은 우리가 방향을 잃고 표류하지 않기 위해서 절대적으로 필요하다.

우리의 교회 모델은 종종 우리가 실제로 표방하는 신학이 무엇인지 알려 준다. 교회의 본질을 재점검하면서 팀 체스터

(Tim Chester)와 스티브 티미스(Steve Timmis)는 존 스토트(John Stott)의 '이단적 조직'이라는 개념을 차용했다. 구체적으로는 다음과 같다. 나는 교회의 교리 진술문에 모든 신자가 영적 은사를 이용해 성령의 나타내심을 드러낼 수 있다는 핵심적인 내용이 담겨 있다고 생각한다. 이 정도면 신학적으로는 훌륭하다. 그러나 한 가지 물어보고 싶다. 당신의 교회 조직은 정작 이런 교리 진술문과는 다른 신학을 표방하고 있지 않은가? 당신의 교회 조직은 모든 신자의 은사가 중요하다는 점을 반영하고 있는가? 아니면 가르치는 사역자의 은사나 사역 지도자들이나 소수의 음악가들만이 중요하다는 듯한 암시를 풍기고 있는가? 만약 그렇다면 당신은 이단적 조직으로 교회를 운영하고 있는 것이다. 그런 이단적 조직은 정통적 신앙이 반영된 신학적 진술문보다 훨씬 더 강력한 영향을 미친다. "중요한 신학은 우리가 입으로 고백하는 신학이 아니라 실제로 실천하는 신학이다."[1]

나는 특정한 근대적 전통들이 반드시 필요하다고 주장하는 사람들과 여전히 부딪히고 있다. 사실 이렇게 자의로 선택한 전통의 일부는 실제로 교회가 교회 형성에 본질적인 성경적 원리들을 실행하는 데 장애물로 작용하고 있다. 현대 교회들을 구성하는 요소들 중에는 표면적으로는 좋은 생각처럼 보이지만 실제로는 하나 됨과 진정한 교제와 상호 사랑과 사명의 수행과 관련된 성경적 비전을 가로막는 부분들이 있다. 너무나 많은 이들이 이런 요소들을 보고 그것들 없이는 교회가 존재할 수 없다고 주장한다.

하나님을 위한 자리 확보하기

이 글을 쓰는 지금 아내는 차고에 있다. 지난 몇 년간 쌓였던 물건들을 선반에서 치우고 있는 소리가 들린다. 쌓였던 잡동사니들을 치우면 분위기가 매우 쾌적해진다. 어지럽게 널려 있는 물건들을 정리하고 치우면 실제로 호흡하기가 한결 편해지는 듯한 느낌이 든다. 온 집안에 물건을 쌓아 두고 버리지 않는 사람들의 이야기를 한두 번은 들어보았을 것이다. 집안을 다닐 수 없을 정도로 어마어마한 양의 쓰레기를 쌓아 두고 사는 사람들을 보면 숨이 막히는 것 같다. 이와 마찬가지로 정신없이 바쁘게 진행되는 교회 행사를 보고 숨이 막히는 듯한 때는 없었는가? 마음 깊은 곳에서는 숨을 쉴 수 있는 공간을 갈망하고 하나님이 역사하실 수 있도록 한 부분을 비우기를 간절히 바란다.

최근에 나는 가족들과 휴가를 다녀왔다. 4일간 우리는 눈으로 새하얗게 뒤덮인 설원의 통나무집에서 보냈다. 나는 휴가에서 지켜야 할 규칙을 정했다. 전자 제품 금지, 핸드폰 금지, 비디오 게임과 텔레비전 시청 금지, 컴퓨터 금지. 이 글을 읽고 '지루해서 어떻게 지낼 수 있었지? 어떻게 온 가족이 꼬박 나흘을 원시인들처럼 생활하도록 설득시킬 수 있었지?'라고 생각할 사람들도 있을 것이다. 이런 규칙을 가족들이 처음부터 흔쾌히 받아들인 것은 아니었다. 하지만 아이들은 아빠의 의도를 알고 있었다. 예상한 대로 전자 기기를 사용하지 못하게 되자 우리는 서로 함께하는 시간에 집중하며 매우 즐거운 시간을 보낼 수 있었다. 눈싸움을 하고, 썰매와 스노보드를 타고, 모닥불을 피우며 보드

게임을 하고, 대화를 나누며 한껏 웃었다. 스마트폰이 등장하기 전에 사람들이 익숙하게 즐기던 일들이었다. 아마 짐작했겠지만 우리는 신나게 놀았고 그 어느 때보다 가족 간의 유대를 깊이 확인하며 집으로 돌아왔다. 실제로 휴가를 갈 때마다 이런 시간을 갖자고 조르는 아이들도 있었다. 전자 기기들을 다 치움으로써 우리는 서로를 위해 더 많은 시간과 공간을 만들어낼 수 있었다.

불필요한 소유를 줄일 때 우리가 얼마나 더 풍성한 경험을 할 수 있는지 알면 놀랄지 모른다. 성경책과 잔 하나와 약간의 빵을 손에 든 사람들만 남을 때까지 교회가 정화된다고 생각해 보라. 어떤 이들은 무슨 지겨운 소리를 하느냐며 타박을 할 것이고, 어떤 이들은 너무 이상적인 생각이라고 비판할 것이다. 이 모습은 세계의 많은 사람들이 교회에 대해 알아온 전부이며 그들은 교회의 이런 모습을 사랑한다. 우리는 교회에 대한 아주 단순한 경험으로 유익을 누릴 수 있다. 하나님과 더 내밀한 관계를 누리며 더욱 온전하게 하나님을 의지할 수 있다. 교회의 수준을 개선시킬 목적으로 추가한 프로그램들이 오히려 하나님을 몰아내는 결과를 낳았던 경우가 적지 않다.

우리가 추가한 것들은 부분적으로는 믿음의 부족이 원인이었다. 하나님이 역사하신다는 기대가 실제로 없기 때문에 사람들이 좋아할 흥미로운 요소들로 집회를 채우고 오히려 하나님이 역사하실 여지를 차단해 버리는 것이다. 장기적으로 보면 이런 노력은 효과가 없다. 결국 사람들은 영화관에서도 얻을 수 있는 흥분과 즐거움에 더 이상 의미를 느끼지 못하게 된다. 그들은 초월적인 무엇인가를 찾아 교회에 왔다. 침묵을 두려워해서는 안 된다. 하나님이 역사하시지 않으면 지루하고 따분할 뿐인 집회가 되더라도 감수해야 한다. 다락방에서 함께 며칠 동안 기도하기 위해서는 믿음과 인내심이 필요하다. 그러나 그로 인해 얻는 놀라운 경험은 충분히 이런 어려움을 감내할 가치가 있다. 이제 더 크고 더 바쁜 것이 더 작고 단순한 것보다 항상 더 낫다는 착각을 버려야 한다. 평범하고 비전문가적인 사람들 속에 나타나는 성령의 온전한 나타나심을 대체할 무엇인가를 끝없이 계속 조달하기란 불가능하다.

우리는 누구나 교회를 개척할 수 있다

2013년에 우리 집에 약 스무 명의 사람들이 모였다. 구체적인 계획은 없었고 오직 마음에 큰 확신만 있을 뿐이었다. 첫 모임에서 신약에서 본 그대로의 교회를 이루어가는 데 집중하기를 원한다고 말했던 기억이 난다. 나는 서로 간에 깊은 가족애를 경험하고 모두가 빠짐없이 하나님께 받은 은사를 활용하기를 원했다. 나는 언젠가 이 모임을 떠날 것이라는 점을 분명하게 밝혔다. 대신 교회를 인도하면서 6개월 내지 12개월 동안 네 사람을 제자 훈련하여 사역자로 성장하도록 돕고, 우리 교회가 두 개의 교회로 분립할 때 한 교회당 제자 훈련을 받은 사역자 두 사람을 배정해 섬기도록 할 계획이었다.

우리는 가족처럼 가까워졌고 교회를 분리하고 독립해야 할 때가 오자 모두 이별을 안타까워했다. 하지만 우리가 성장하고 더 많은 지도자들을 배출하기 위해서는 이런 과정을 감내해야 한다는 사실을 이해했다.

그 이후로 우리는 많은 변화를 경험했고 나는 더 많은 변화를 고대하고 있다. 교회는 끊임없이 변화하겠지만, 장로님들은 우리가 몇 가지 핵심 가치에 집중하도록 노력해오고 있다. 시간이 지남에 따라 표현은 바뀌었지만 기본적으로 이것이 우리가 추구하고자 하는 가치이다.

헌신된 예배자들. 우리는 하나님을 예배하는 데 헌신하는 사람들, 편안할 때나 마음에 드는 사람들이 인도할 때만 예배하는 사람들이 아니라 오직 하나님만으로 만족하며 함께 있기를 원하는 사람들이 되기를 원한다. 더욱 열정적인 예배를 드리는 것을 우리 예배의 목표로 삼아야 한다.

사랑하는 가족. 우리는 서로를 깊이 사랑하고 서로를 위해 기꺼이 희생함으로 이 사랑을 증명하는 사람들이 되기를 원한다. 우리 목표는 단순히 서로 사이좋게 지내는 것이 아니라 그리스도께서 우리를 사랑하신 것처럼 서로를 사랑하고 아버지께서 아들과 하나 되신 것처럼 서로 하나 되는 것이다.

온전하게 구비된 제자로 훈련하는 사람들. 모두가 제자 삼는 일을 감당할 수 있을 정도로 훈련이 되기를 원한다. 누구도 소비자의 태도를 가져서는 안 되며 그리스도의 몸을 세우도록 은사를 사용하는 종이 되어야 한다.

성령으로 충만한 선교사들. 초자연적 인품을 지닌 사람들이 되기를 원한다. 이웃과 동료들과 꾸준히 복음을 나누는 사람이 되어야 한다. 어떤 이들은 그리스도의 복음을 듣지 못한 사람들을 찾아 해외로 그리스도를 전하러 갈 것이고 다른 이들은 이들을 후원해야 할 것이다.

고난당하는 나그네. 우리는 그리스도의 재림을 간절히 사모하는 사람들이 되어야 한다. 천국의 보상을 믿는다면 기꺼이 고난을 감당할 수 있다. 일신의 편안함을 구하지 않고 이 땅의 시민이 되기를 거부하며 고난 중에도 기뻐할 수 있다.

교회로서 우리는 이런 모습을 추구해야 한다. 이런 일들에 집중하지 못하게 방해하는 것이 있다면 아예 관심을 두지 말아야 한다. 이런 이유로 우리는 몇 가지 프로그램을 매일, 그리고 매주 실행하고 있다. 앞에서도 말했지만 조직이 중요하다. 이런 일들을 우리가 중요하게 생각한다고 말하기는 쉽지만, 이 목표를 이루기 위해 매주 정기적인 교회 프로그램을 편성하고 방해가 되는 것들을 최대한 제거하지 않는다면 절대 원하는 교회의 모습으로 성장하지 못할 것이다.

아래는 우리의 가치를 실현하는 데 유익하다고 확인한 몇 가지 실천 방법이다.

매일 성경 읽기. 우리는 성도들이 예수님께 온전히 사로잡히기를 원한다. 이를 위한 가장 효과적인 방법은 매일 말씀으로 하나님과 독대하는 시간을 가지는 것이다. 우리 교회의 교인들은 동일한 성경 읽기표를 사용해서 성경을 읽고 있으며 이렇게 해서 매일 말씀에 대해 서로 대화를 나눌 수 있다.[2]

가정 모임. 초자연적인 방법으로 서로를 돌보도록 요구하는 "서로 ~하라"는 명령이 성경에는 50개가 넘는다. 하나님은 우리가 모일 때 의미 있는 교제를 나누기를 원하신다. 이런 이유로 우리는 가족적인 분위기를 경험할 수 있도록 가정별로 모임을 가지며 소모임을 활성화하는 데 노력을 기울인다(10~20명). 이렇게 해서 각기 서로를 잘 알아갈 수 있고 사람들을 축복하는 데 은사를 사용할 수 있다.

리더들을 배출하기. 누가복음 10장 2절에서 예수님은 제자들에게 더 많은 일꾼들을 세상으로 보내 주시도록 기도하라고 말씀하셨다. 이런 이유로 우리는 기도하는 가운데 새로운 목회자들과 장로들을 훈련하여 파송한다. 교회마다 두 명의 사역자를 배정하며, 이 사역자들은 다시 다음 교회를 개척하도록 미래 사역자들을 훈련한다. 목회자들은 교인들의 영적인 부모로서 책임과 권위를 모두 행사한다.

연장자의 권위. 우리 중에는 리더가 다른 일체의 권위를 부정하고 오직 자기중심으로 운영하는 가정 교회 형태를 경험해 본 이들이 있을 것이다. 이런 교회는 결코 건강한 교회라 할 수 없다. 교회의 크기는 문제가 아니다. 이미 살펴보았듯이 하나님은 그분의 교회가 장로들의 리더십과 겸손하며 섬김에 집중하는 그들의 권위 아래 기능하도록 계획하셨다(벧전 5:1-4). 모든 사람이 리더십에 부정적인 반응을 보이는 이런 시대에 하나님은 세상을 향해 다른 모습을 보여 주도록 우리를 부르신다. 왕을 모시기를 기뻐하며 경건한 지도자들을 기쁨으로 따르는 사람들의 모습을 보여 주라는 것이다.

모두가 제자로 훈련받기. 사람들이 성숙하도록 돕는 것은 교회의 책무이다(엡 4:11-16). 예수님은 제자들과 함께 삶을 나누는 놀라운 본을 보여 주셨다. 우리는 모든 교인이 그들보다 성숙한 성도에게서 목양을 받고 성숙에 이르며 더욱 성결함을 이루도록 도움을 받기를 기대한다.

모두가 제자로 삼기. 예수님은 죽은 자 가운데서 부활하신 후 제자들에게 제자를 삼으라는 명령을 주셨다(마 28:16-20). 예수님은 그분을 알지 못하는 이들에게 복음을 전하고 그분의 명령을 지키도록 가르치라고 요청하셨다. 우리는 모든 교인이 믿지 않는 자들에게 복음을 전하고 그들이 제자 삼는 자가 되도록 가르치기를 원한다.

모두가 은사를 행사하기. 바울은 "각 사람에게 성령을 나타내심은 유익하게 하려 하심이라"(고전 12:7)라고 말했다. 이어서 바울은 다양한 은사들을 열거하고 모든 지체의 중요성을 강조했다. 우리는 모든 교인이 모임이나 일상생활 속에서 섬기고 기여할 여지를 조성해 주고 있다. 이 일에 모두가 빠짐없이 참여하는 것을 목표로 하며 각기 자신의 은사로 다른 사람들을 축복할 수 있도록 유도한다.

꾸준한 교회 개척. 우리는 예수님을 모르는 사람들에게 복음을 전하는 일에 끝까지 집중해야 한다(행 1:8). 가정 교회들은 선교적 교회보다 이기적이 될 위험성이 훨씬 더 크다. 자연스럽게 편안함에 안주하게 된다. 우리 교회들은 지도자들을 발굴하고 더 많은 사람들에게 복음을 전할 수 있도록 건강한 압박감을 유지하기 위해 매년 교회를 개척하는 것을 목표로 한다. 마감 시간이 없으면 긴장이 풀어지고 목표를 이루고자 노력하지 않는다는 사실을 명심해야 한다.

단순한 예배. 초대 교회는 "사도의 가르침을 받아 서로 교제하고 떡을 떼며 오로지 기도하기를" 힘썼다(행 2:42). 우리도 초대 교회의 본을 따르고 싶다. 성도들이 설레는 마음으로 떡을 떼며 그분의 몸의 신비에 경이로움을 느끼기를 원한다. 기도로 거룩한 하나님 앞에 나아가며 감격하기를 원한다. 그러므로 마땅히 집중해야 하는 일에 집중하지 못하도록 방해하는 요소들을 예배에 추가하지 않도록 각별히 주의하고 있다.

재물을 함께 나누기. "믿는 사람이 다 함께 있어 모든 물건을 서로 통용하고 또 재산과 소유를 팔아 각 사람의 필요를 따라 나눠 주며"(행 2:44-45). 초대 교회는 서로를 돌보고 섬김으로 명성을 얻었다. 그들은 영원을 바라보았고 세상의 재물에 대해서는 초연하였다. 우리는 지역의 필요와 전 세계의 필요를 확인하고 기쁨으로 우리의 자원을 나누어야 한다(고후 8:1-15).

선교에 자원하기. 하나님은 모든 민족과 언어로 예배받기를 원하신다(계 7:9-10). 복음을 한 번도 듣지 못한 이들이 여전히 수십억 명이 넘는다.[3] 이런 이유로 우리는 미전도 종족에게 복음을 전하는 것을 고민해 보라고 모두에게 도전한다. 하나님의 음성을 듣기까지 그대로 있기보다는 하나님께서 국내에 그대로 있으라고 부르신다는 확신이 없는 한 선교하러 가기로 결정하는 것이 더 성경적으로 보인다.

우리가 미래 교회에 대한 완벽한 정답을 발견했다고 생각하지는 않는다. 단지 하나의 정답을 확인했을 뿐이다. 하지만 우리가 이끌어온 변화들은 내가 미국에서 겪은 그 어떤 경험보다 신약 교회와 더 유사하다는 생각이 든다. 물론 우리가 실험한 모델을 강요할 마음은 없다. 하지만 본질을 회복하고, '그동안 늘 익숙했던 일'은 잊어버리고, 하나님께서 우리가 처한 환경 속에서 보기를 원하는 교회의 모습이 무엇인지 질문하는 혁신적 사고가 모두에게 도움이 될 것이라고 생각한다.

왜 작은 교회를 지향하는가?

나는 하나님이 이 나라에서 단순한 소규모 모임을 위한 운동을 일으키고 계신다고 믿는다. 또한 이 운동이 들불처럼 일어나는 모습을 보고 싶은 마음이 간절하다. 나는 초대 교회처럼 작고 활기찬 모습으로 교회가 퍼져나가는 꿈을 꿀 때 정말 흥분된다. 나의 목표는 여러분 역시 이런 꿈을 꾸도록 하는 것이다.

최근 유명한 어떤 선교 기관의 책임자는 현재의 선교 현황에 대한 자신의 근심과 우려를 이야기해 주었다. 그는 복음을 듣지 못한 세계에 변화가 생겼음에도 기존의 선교 방식을 그대로 고수하고 있는 현실을 크게 우려하고 있었다. 대부분의 미전도 종족들이 교회 개척을 불법으로 규정하는 나라에 살고 있는데 왜 우리는 여전히 교회를 세우기 위해 선교사들을 훈련하고 있는가? 그는 복음에 대해 문을 걸어 잠그고 있는 나라들에 그리스도인들이 영향을 끼쳐야 할 절박한 필요를 토로했다. 이 일을 가능하게 할 유일한 길은 우리의 협소한 교회 경험을 확장시키는 것이다. 교회 모습에 대한 우리의 기준은 지금 이 순간에 문화적으로 정상적인 것을 고수하는 것이 아니라 성경적인 것으로 되돌아가야 한다. 사람들이 한 명의 설교자 주변에 모이기 위해 교회 건물로 몰려드는 모델을 계속 장려한다면, 이 모델이 불법인 곳에 사는 수십억 명의 사람들에게 어떻게 복음을 전할 수 있겠는가?

다른 나라에 복음을 전하기 위해 선교사들이 그동안 교회에 대해 배운 내용을 모두 내려놓아야 한다면 지금 여기서 우리가 하는 일이 최선이라고 확신할 수 있겠는가? 소규모 모임이 미국에서 교회를 개척하는 가장 최선의 방법이라고 믿든 안 믿든, 그것이 많은 나라에서 교회를 개척할 유일한 방법이라는 데 거의 모든 사람이 동의한다. 그러나 그들의 유일한 경험이 전통적인 모델이라면 선교사들을 파송해 교회를 개척하는 것이 어떻게 성공하리라고 기대할 수 있겠는가?

처치비앤비의 한 사례

나와 대화를 나누었던 한 지도자는 하얏트 호텔 체인을 예로 들었다. 2015년 하얏트 호텔은 97,000명의 종업원을 두었다.[4] 이에 반해 에어비앤비는 2,300명의 고용인을 두었다.[5] 그러나 이런 차이에도 불구하고 에어비앤비가 확보한 객실의 수가 하얏트 호텔보다 훨씬 많았다. 실제로 3년 후 그들은 최상위 다섯 호텔 체인들을 모두 합산한 수보다 더 많은 방을 확보하게 되었다.[6] 어떻게 이런 일이 가능했을까? 그들은 호텔 산업을 평범한 사람들의 손에 맡겼다. 땅을 사고 호화로운 호텔을 짓기 위한 수천만 달러의 돈을 모을 능력이 누구에게나 있는 것은 아니다. 그러나 스마트폰 한 대만 있으면 누구라도 자신의 집에 남는 방을 다른 사람에게 빌려 줄 수 있다. 단 하나의 시설물도 짓지 않고 4백만 명이 등록을 할 정도로 이 산업은 급속도로 성장했다!

교회는 이들에게서 배워야 할 필요가 있다. 기존의 모델이나 구조를 계속 고수한다면 어떤 대안적 모델이나 구조도 모두 터무니없어 보일 것이다. 그러나 역사는 누군가 혁명적인 새로운 방식을 꿈꿨기 때문에 거의 하룻밤 사이에 쓸모가 없어진 모델이나 회사와 발명품이 얼마나 많은지 보여 준다. 새로운 것은 진입 장벽이 거의 없으므로 항상 더 단순하고 더 효율적으로 보인다.

그렇다면 교회 구조를 어떻게 바꾸어야 혁명적인 변화가 일어나겠는가? 우리가 보지 못하고 자각하지 못하는 비효율적인 면과 불필요하게 추가된 부분은 무엇인가? 교회를 평범한 그리스도인들에게 다시 되돌려준다면 어떤 일이 생기겠는가? 적은 비용으로 기하급수적인 성장이 실제로 가능하겠는가? 처치비앤비가 과연 가능하다고 생각하는가?

나는 이런 일이 가능하다고 믿는다. 지난 수년 동안 해외에서 이런 일이 계속해서 일어났고 미국 전역에서도 이런 일이 꾸준하게 증가하고 있다. 샌프란시스코에서 우리는 직장 생활을 하는 그리스도인들이 사역자로 교회를 섬기는 실험을 하고 있다. 그들은 직장에서는 전문가로 일하면서 그들의 가정에서 작은 가정 교회를 열고 사역자로 섬긴다. 이 지도자들은 이제 후원을 받지 않고 세계 어디서나 교회를 세우고 개척할 수 있다. 그들은 일하면서 동시에 사역하는 방법을 알고 있다. 직장에서 성실하게 일하고 유능한 직장인으로 인정을 받으면서 예수님을 모르는 사람들과 우정을 나누는 자연스러운 환경을 조성하는 법을 알고 있다. 이런 사역은 세계의 어떤 도시에서도 가능하며 미국의 어느 도시에서도 가능하다. 우리는 처치비앤비가 가능하다는 것을 확인했을 뿐 아니라 이 방식으로 전통적인 교회 모델이 안고 있는 문제들을 상당 부분 실제적으로 해결할 수 있는 묘안도 발견하고 있다.

성장의 가능성과 규모를 줄일 자유

건물이 교회 성장을 제한할 수 있다. 하나님이 큰 능력으로 역사하여 수천 명을 구원하시려고 한다면 건물은 오히려 방해가 될 수 있다. 건물은 또한 규모를 줄여야 할 때 줄일 수 없도록 교회의 운신의 폭을 좁힌다. 하나님께서 교회에 대해 가지치기를 시작하실 경우 교회 유지에 필요한 비용을 조달하지 못하는 사태가 벌어질 것이 뻔하다. 우리가 선택한 교회 모델이 좁은 '안전

지대(sweet spot)' 내에서 일하시도록 하나님을 제한한다면 무엇인가 문제가 있는 것이다. 사례비도 없고 우리 중 누구도 대형 교회에서 사역할 가능성도 없는 교회에서 사역하고 있는 지금이 얼마나 편하고 자유로운지 나는 말로 다 할 수 없다. (우리는 교인 수가 스무 명이 되면 바로 교회를 분리해서 새로 교회를 세운다.)

코너스톤 교회가 200명을 수용할 수 있는 교회당이 좁아져서 400명을 수용할 교회당으로 이사를 갔던 때가 기억이 난다. 정말 신나는 경험이었다. 우리는 1부와 2부 예배로 나누어 편안하게 예배를 드릴 수 있었다. 이런 상태는 아마 몇 달 동안 지속되었던 것 같다. 그러다가 3부 예배를 드리게 되었고 다음으로 4부, 5부, 6부까지 예배를 드리다가 위성 방송으로 예배를 드려야 하는 지경이 되었다. 1년이 채 안 되어 우리는 더 넓은 부지를 찾아야 했고 캠퍼스를 확장해야 했다.

수년 동안 시 당국의 협력을 받으며 기금을 마련해 천 명을 수용할 수 있는 교회당을 짓고 이사를 했다. 신나는 시간이었다. 우리는 2부 예배로 모두 편안하게 예배를 드릴 수 있었다. 이 상태는 몇 개월 동안 지속되었다. 그러다가 다시 3부, 4부, 5부까지 예배를 드려야 했다.

익숙하지 않은가?

이런 일을 겪을 때마다 나는 예수님이 이런 식으로 하실 리가 없다고 생각했다. 더 많은 부지를 찾고 도시 공무원들을 설득하고 헌금을 모으고 더 큰 건물을 지을 때까지 과연 하나님 나라 확장을 중단하셨을까? 이런 방식으로 하는 것이 도저히 이해

되지 않았지만 당시에는 다른 선택지를 생각할 수 없었다.

우리는 결국 아주 넓은 부지를 매입하고 3천 명을 수용할 수 있는 시설을 건축하기 위한 계획에 착수했다. 그러다가 또 다른 걱정거리가 생겼다. 만약 거대한 규모의 예배당을 짓느라 거금을 사용했는데 수천 명을 수용할 이 건물에 사람들이 오지 않는다면 어떻게 되겠는가? 어떻게 비용을 감당하겠는가? 예산을 충당하기 위해 교회당을 채워야 한다는 압박감에 시달리지 않겠는가? 그러면 이기적인 본능이 발동하기 시작한다. 나는 예배당이 교인들로 가득 차지 않으면 매우 괴로워하는 편이다. 이런 압박감 때문에 논쟁의 여지가 있는 중요한 주제는 피하고 점점 더 정치적으로 타협하지 않겠는가? 바울은 디모데에게 "때가 이르리니 사람이 바른 교훈을 받지 아니하며 귀가 가려워서 자기의 사욕을 따를 스승을 많이 두고"(딤후 4:3)라고 경고했다. 사람들이 바른 교훈을 듣기 싫어 교회를 외면하기 시작하면 나는 어떻게 해야 하는가? 수백만 달러를 사용해 이미 교회당을 지었지만 사람들을 다 채울 수 없는 사태가 벌어질 것이다. 기대가 충족된 기부자들을 충분히 확보하지 못해서 비용을 조달하지 못할 것이고 결국 모든 것을 잃고 말 것이다!

대안은 더 최악이다. 나는 사람들이 교회에서 이탈하지 않도록 더욱 타협하는 설교를 하게 될 것이다. 지나치게 굴고 싶지는 않지만 이럴 바에 솔직히 차라리 죽는 편이 나을 것이다. 나는 하나님의 이름을 더럽히기 전에 이 땅에서 나를 데려가 달라고 진지하게 기도해 왔는데, 거기에는 하나님이 아닌 대중을 기쁘게 할 목적으로 가르치는 행위도 포함된다.

시미 밸리에서는 이런 신념을 지키기가 쉽지 않았다. 우리나라의 대도시들을 생각해 보라. 대도시에서 대형 건물을 구입해 본 적이 있는가? 뉴욕에서 천 명을 수용할 건물을 사려면 얼마나 많은 비용이 필요할지 생각해 보라. 비용을 마련할 수 있다 하더라도 뉴욕의 인구는 8,537,673명이다.[7] 나머지 8,536,673명에 대해서는 어떤 계획을 세우고 있는가? 주님께서 이 도시 인구의 10퍼센트를 구원하기를 원하신다고 가정해 보자. 수십억 달러의 기금이 있다 하더라도 이들을 수용할 만한 교회당을 건설할 곳이 있는가? 당연히 없다!

이에 반해 사람들은 모두 집이 있다. 가정 교회를 열 수 있다면 우리가 어디로 가든지 무한하게 교회를 개척할 수 있다. 수많은 성도를 수용할 수 있는 최고의 대안은 작은 교회이다.

작은 교회들로 나누어 개척하는 가능성을 고려하지 않는다면 대도시에서는 목회를 포기해야 할지 모른다. 최소한 시도는 해보아야 한다. 우리의 현재 계획은 한 교회에서 하나님이 대도시 인구의 1퍼센트가 넘도록 만나 주실 가능성을 아예 고려하지 않고 있음을 보여 준다. 우리는 새로운 방식의 예배에 대해 열려 있어야 한다. 그렇지 않으면 기독교 잡지 표지에 등장한 두 '대형 교회'를 계속 강조하면서 마치 변화를 시도하고 있는 것처럼 시늉만 할지 모른다.

세계가 변화하고 있다는 것을 우리는 모두 알고 있다. 많은 변화를 겪고 있는 사회에 맞추어 교회 모델을 구상하고 있다면서 지금까지 유지해 온 방식을 계속 고수하려고 하는 이유는 무엇인가? 우리의 현재 모델을 맹목적으로 고집하는 것은 넷플릭스 시대에 블록버스터 영화 비디오 대여점을 유지하려고 하는 것과 마찬가지일지 모른다. 물론 복음의 내용을 바꾸거나 진리를 희석시키자는 주장을 하는 것이 아니다. 복음을 전하는 방식을 재고해 보자고 요청하는 것이다. 또한 '시대에 뒤처지지 말자'는 주장을 하려는 것도 아니다. 성경으로 다시 돌아가 잃어버린 것을 회복하자고 요청하는 것이다. 길을 벗어나 헤매고 있다면 왜 본래 길로 다시 되돌아가지 않는가?

재정적인 고려

이 방법의 가장 좋은 장점을 한 가지 꼽는다면 예산이 전혀 필요하지 않다는 점이다. 비용이 아예 들지 않을 수 있다. 교회에 헌금이 들어오면 그 헌금을 100퍼센트 가난한 사람들을 돕고 선교를 하는 데 사용할 수 있다.

그동안 조사한 통계 자료를 보면 미국에서 교회에 다니는 데 개인당 연간 1,000달러가 소요된다고 한다.[8] 다시 말해, 교회의 1년 예산(100,000달러라고 해보자)을 전체 교인 수로 나누어 보면(100명이라고 하자) 개인당 1,000달러가 발생한다. 장소가 어디냐에 따라 이 액수는 줄어들거나 늘어날 수 있다. 최근에 나는 개인당 교회에 다니는 비용이 3,000달러에 육박하는 교회를 도와주려 한 적이 있다. 우리 가족이 9명일 경우 계산을 해보라.

나는 가난하게 자랐기 때문에 항상 가장 비용이 적게 드는 방법을 찾으려고 노력하는 습관이 있다. 지나친 생각이라는 것을 알고 있지만 미국 체계에서는 교인 한 사람당 1,000달러가 드는 반면에 1억 명의 중국인들이 신앙생활을 하는 데는 거의 비용이 소요되지 않는다. 아무리 낭비벽이 심한 사람이라도 이런 사실을 받아들이기가 쉽지 않을 것이다.

단순히 쓸데없이 낭비해서는 안 된다는 말을 하는 것이 아니라 지속가능성의 측면에서 접근해 보자는 말이다. 경제 침체의 여파가 들이닥칠 때마다 문을 닫고 다시 문을 열지 못하는 교회들이 적지 않다. 미국의 세법이 바뀔 때마다 많은 교회가 더 이상 교회 운영이 불가능해진다. 안정된 경제나 구체적인 세금 감면 조치가 필요한 하나의 교회 구조만을 옹호하는 것은 현명한 태도가 아닌 것 같다. 대규모 부의 손실로 하룻밤 사이에 교회의 현재적 모습 혹은 형식을 잃어버릴 수 있다면 우리의 현재 교회 모델을 어떻게 평가해야 하겠는가?

이 글을 읽는 이 시각에도 전 세계적으로 가슴 아픈 일들이 벌어지고 있다는 사실을 잊지 말아야 한다. 생존을 위해 필사적으로 깨끗한 물을 찾는 가족들과 굶주림에 시달리는 사람들이 있으며 노예 생활을 하고 강간을 당하는 아이들도 있다. 이런 비극들은 우리가 더 단순하게 예배드릴 경우, 교회 차원에서 어느 정도 해결할 수 있는 것들이다. 재정적인 고려는 중요하다. 목표는 단순히 돈을 저축하고자 돈을 아끼는 것이 아니라 말 그대로 생명을 살리는 데 있다.

모두가 적극적으로 참여할 수 있다

작은 교회를 지향할 때 또 다른 중요한 장점은 대형 교회라는 배경에서는 전혀 존재감이 없던 사람들이 전면에 나서도록 장려한다는 점이다. 소위 전문가들이 없을 때 사람들은 전면에 나서서 자신의 은사를 최대한 활용할 가능성이 더 높아진다. 유급으로 교회를 섬길 교회 사역자가 없을 경우 참석한 교인들이 더 적극적으로 헌신하고 관여하는 분위기가 조성된다.

또한 수천 명이 모이는 교회에서는 교인들이 서로에 대해 깊이 알고 교제하는 것이 불가능하고 시도하는 것조차 부담스러울 것이다. 하지만 소규모 모임에서는 서로와 친밀한 교제를 나눌 기회가 자연스럽게 늘어난다. 또한 모든 지체가 빠짐없이 제자훈련을 받고, 서로에 대해 책임을 지며, 구체적인 이름을 들어 서로를 위해 기도해 주고, 주중에 가족처럼 서로를 돌아볼 수 있다.

전통적인 모델에서는 시도해도 골칫거리가 될 수 있는 일이 이런 환경에서는 매우 자연스러워진다.

지금은 변화의 시기인가?

교회는 처음 태동할 때부터 항상 가지치기가 필요했다. 우리는 항상 선지자의 목소리로 말하며 교회의 본질을 회복하도록 요청할 개혁가들과 개혁이 필요했다. 교회 역사를 보면 하나님의 백성들이 교회를 향한 하나님의 뜻에 더 가까이 나아가도록 하기 위해 크고 작은 개혁 운동이 끊임없이 일어났다.

콘스탄틴 이후로 기독교가 로마의 공식 국교가 되고 나서 (주후 300년) 교회는 특권과 명성을 얻을 수 있는 곳이 되었다. 사람들은 사회의 권력을 손에 넣는 방편으로 교회 지도자 자리를 매수하기도 했다. 하나님은 결국 수도승의 무리들을 일으키셔서 단순하고 뜨거운 마음으로 하나님을 섬김으로 교회의 악함과 탐욕을 드러내도록 하셨다.

16세기에 교회에서 면죄부를 사고팔고 구원에는 인간의 노력이 필수적이라는 가르침이 팽배하면서 가톨릭 교회는 더 이상 돌이키기 어려울 정도로 타락했다. 이때 하나님은 마틴 루터를 일으키셨고 그는 존 위클리프와 얀 후스와 같은 개혁가들의 긴 대열에 합류하여 하나님의 백성들에게 은혜의 참된 이해를 회복하도록 호소했다. 이런 종교 개혁 운동이 제도권에 깊숙이 안착하고 타협하자 하나님은 재세례파들을 일으키셔서 이미 개혁되었던 교회를 다시 개혁하셨다. 역사상 수많은 개혁 운동이 일어났다. 켈틱 선교 운동, 모라비안 형제단, 아주사 거리 부흥 운동, 예수 사람들 운동이 그렇다. 실제로 오늘날 존재하는 모든 교파는 교회가 하나님의 뜻에 더욱 가까이 다가가는 것을 목표로 한 개혁 운동의 일환으로 시작되었다.

한편으로는 모라비아 형제단이나 종교개혁자들과 견주며 지나칠 정도로 과도하게 하려고 하지 않을까 두려워하는 마음이 내 안에 있다. 그러나 그들 역시 단순한 인간일 뿐이었다. 우리라고 못할 이유가 어디 있겠는가? 나는 이 세대가 교회 안의 소비주의적 사고방식을 제거하고 주의 이름을 위해 고난을 기꺼이 감당하는 종의 태도를 회복할 수 있으리라 확신한다. 우리보다 먼저 간 믿음의 선각자들의 대열에 합류하여 선교에 집중하는 교회로 회복시키는 데 앞장서지 못할 이유가 없다. 우리에게 허락된 시간들을 이 외에 달리 어떻게 보내어야 하겠는가?

교회의 변화를 요구하는 것이 지나친 요구라거나 가혹하고 부적절하다고 생각해서는 안 된다. 우리의 독특한 교회의 모습이 하나님이 인정하시는 유일한 방법이라고 생각해서도 안 된다. 대신 하나님의 마음을 향해 나아가지 않고 그와 멀어지게 하는 교회의 요소들이 있다면 언제라도 버릴 자세로 끊임없이 개혁을 추구해야 한다.

처치비앤비를 해야 할 수도 있고 하지 말아야 할 수도 있다. 제3자가 이 문제에 대한 답을 대신 결정해 줄 수는 없다. 다만 전통적인 모델과는 전혀 다른 매력적인 교회의 모델이 있음을 알려 주고 싶을 뿐이다. 나의 목표는 포기하지 않고 꿈을 꾸며, 지금 상태에 안주하지 않고, 하나님이 현재 우리가 경험하는 것 이상을 그분의 교회에 원하신다는 확실한 뜻을 확인하도록 하는 데 있다.

샌프란시스코에서 믿음의 걸음을 내디딘 후로 우리는 성장의 고무적인 증거들을 계속 보아왔다. 성도들은 훌륭한 '설교'에 대해서는 거의 이야기하지 않지만, 성경 읽기 중에 발견한 교훈들에 대해서는 자주 열띤 토론을 벌인다. 말씀의 교제가 일상적인 활동으로 자리 잡았다. 사람들은 이제 몇 시간이고 심지어 며칠씩 그리스도의 임재를 누리며 홀로 있는 시간을 정기적으로 가진다. 하나님을 풍성하게 누린다. 기도 모임은 원래 계획한 시간보다 길어지기 일쑤이며 아무리 길어지더라도 떠나고 싶어 하는 사람이 별로 없다. 가정들은 다른 사람들에게 기꺼이 집을 개방한다. 사랑으로 자동차, 돈, 소유물을 나누어 준다. 각 분야의 내로라하는 전문가들이 출소한 사람들의 가장 좋은 친구가 되어 주는 풍토가 당연한 것처럼 자리를 잡았다. 노숙 생활을 하는 중독자들이 신실한 사역자로 변화되었다. 함께 모이면 많은 사람들이 그 주에 복음을 전했던 사람들에 대한 기도 제목을 나눈다. 최근에 우리는 교회 은행 계좌의 잔고를 모두 털어 아프리카의 어린이 사역을 위한 기금을 마련했다(실제로 잔고가 0인 통장을 사진으로 찍어 두었다). 스스로도 풍족하지 못한 사람들이 기부한 액수가 30만 달러가 넘었다. 사람들은 교회의 프로젝트를 가능한 한 빨리 달성하기 위해 능력에 부칠 정도로 희생하고 있다. 비방을 당하고 배신을 당할 때도 있지만 굴하지 않고 복음 안에서 기뻐하는 사람들도 있다. 이제 직장에서 전업으로 일하며 섬기는 사역자들이 40여 명에 이른다. 그들은 직장에서 선교사로 섬기며 여가 시간에는 사람들을 목양하고 제자 삼는 일에 헌신한다. 어려움과 문제들이 적지 않지만 모두 활기가 넘친다.

하나님이 너무나 기뻐하시는 일을 목도하는 횟수가 점점 더 빈번해지는 것 같다.

이렇게 해서 이제 자연스럽게 이 책을 시작할 때의 주제로 돌아가게 된다. 지금 나는 그 어느 때보다 예수님과 더 깊은 사랑을 누리고 있으며, 교회를 향한 사랑 역시 그 어느 때보다 뜨겁다. 그동안 하나님과 누렸던 친밀함은 교회와 나의 관계와 직접적으로 연관이 있었다. 여전히 가야 할 길이 멀지만 솔직히 말해 지금 교회에 대한 나의 경험은 그동안 성경에서 읽었던 내용과 이제 그렇게 극적일 정도로 차이가 나지 않는다. 하나님은 이런 경험이 예외적이 되기를 원하지 않으신다. 원래 교회가 지녀야 하는 모습이 바로 이런 것이다.

그동안 많은 곳을 다니면서 하나님의 교회가 그동안 꿈에서나 가능하리라 생각했던 방식으로 분리 독립하고 성장하는 모습을 직접 눈으로 확인할 수 있었다. 그리고 이제 내가 그 경험을 직접 하고 있다. 하지만 모든 사람의 기대에 맞추도록 이끄는 강력한 타성에 굴복했더라면 절대 이런 경험을 할 수 없었을 것이다.

이런 일이 가능하리라 확신하는가?

사람들에게 이런 이야기를 하면 그들은 항상 "정말 이런 일이 가능할까요?"라고 반문한다. 나는 왜 이런 질문을 하는지 도무지 이해가 되지 않는다. "사람들이 정말 교회를 찾을까요?"라는 뜻으로 하는 말인가? 아니면 "사람들이 좋아할까요?"라는 의미로 하는 말인가? 그것도 아니면 더 실제적으로 "그런 방법으로 교회가 정말 성장할까요?"라는 뜻으로 하는 말인가?

사실 이런 질문은 잘못된 것이다. 예수님은 이런 것들을 성공의 척도로 사용하신 적이 없었다.

실제로 바울은 디모데에게 바른 교훈을 가르쳐도 사람들이 '받지' 않는다고 말했다. 바른 교훈은 오히려 사람들이 교회를 떠나게 할 것이다(딤후 4:1-5). 그러나 우리는 하나님이 원하시기 때문에 진리를 선포하도록 명령을 받았다!

우리가 무엇을 원하는지, 다른 사람들이 무엇을 원하는지, 혹은 무엇이 '효과가 있을지'는 중요하지 않다는 사실을 기억하라. 교회는 오직 하나님을 위해 존재한다.

이런 말에 놀라서 쳐다볼 사람들도 있으리라 생각한다. 사람들은 실제로 하나님의 임재를 온전히 누리는 사람들의 무리에 끌린다. 무엇보다 중국은 지하 교회의 교인들이 1억 명이 넘을 정도로 하나님의 임재에 대한 갈망이 대단하다. 하나님은 인간적으로 효과가 있으리라 생각하는 것을 모두 포기하고 하나님이 명령하신 대로 온전히 순종하는 사람들의 무리를 기다리고 계실 것이다.

그러나 인자가 올 때에
세상에서 믿음을 보겠느냐 하시니라

(눅 18:8)

성령이 이끄시는 대로

이 시점에 해답을 알고 싶은 수많은 의문들이 있을 것이라고 생각한다. 의문을 품는 것은 좋은 일이다. 우리 웹사이트(wearechurch.com)를 방문해서 찾아보면 더 많은 정보를 얻을 수 있다. 하지만 이런 식의 시도가 때로는 당신이 할 수 있는 최악의 노력이 될 수도 있다. 보통은 하나님을 찾기보다 다른 이들을 그대로 모방하는 것이 더 쉽다. 그동안 계속 주장해 왔듯이 교회라면 모두 따라야 하는 신묘한 방책을 처방할 목적으로 이 장을 쓴 것이 아니다. 단지 이 책에서 이렇게 많은 내용들을 소개하면서 샌프란시스코에서 우리가 지금까지 경험한 일들을 나누지 않는 것은 옳지 않다고 생각했다. 하나님은 지금 당신이 처한 상황에서 우리가 하고 있는 바로 이런 일들을 하기 원하실지 모른다. 하지만 성실하게 기도하지 않으면 이런 경험은 불가능하다.

부디 넓은 길로 가려는 마음을 버리기 바란다. 필요하다면 금식 기도를 불사할 정도로 하나님의 교회를 돌보는 데 온전히 관심을 기울여야 한다. 하나님의 교회에서 꼭 필요한 역할을 할 수 있다고 믿어야 한다. 하나님의 지혜와 인도하심을 구하라. 하나님은 그분의 성령을 우리에게 주셔서 그분의 뜻을 알고 따르도록 해주신다. 집중적인 기도를 대신하는 것은 없다. 이 나라에는 전략적인 계획으로는 설명할 수 없는 교회들이 필요하다. 우리는 성령께서 우리를 통해 역사하시고 우리가 생각하는 이상으로 큰일을 해주시기를 간절히 원한다. 지금 이런 역사가 일어나도록 기도를 시작하자.

마지막 단상

얼마 있지 않아 우리는 하나님을 만날 것이다. 그 위엄 앞에 우리가 얼마나 압도당할지 상상이 되지 않는다. 우리가 이 땅에서 저지르는 가장 비극적인 실수는 그분을 직접 뵈올 때 우리가 절감하게 될 우리의 취약함을 과소평가하는 것이다. 이 세상에서 그런 마지막 순간을 상상하며 결정을 내릴 때 우리는 가능한 한 가장 현명한 결정을 내릴 수 있다.

평생 나는 타인의 존경을 받고 싶다는 욕망과 싸웠다. 이런 욕망 때문에 거절당할까 두려워하며 비겁하게 타협하는 경우가 적지 않았다. 미래를 바라보지 않고 당면한 순간에 가장 쉬운 길을 선택한 경우도 있었다. 이런 순간들이 너무나 후회스럽다. 성경은 옳은 것을 대변한 경건한 사람들의 이야기를 끝없이 들려주고 있다. 그들은 심지어 고난과 거절의 고통도 개의치 않았다. 나는 하나님의 은혜를 구하며 이들의 뒤를 따를 용기를 베풀어 주시도록 자주 기도한다. 당신을 위해서도 이런 기도를 드린다. 진심이다.

> 잠시 잠깐 후면 오실 이가 오시리니
> 지체하지 아니하시리라 나의 의인은 믿음으로
> 말미암아 살리라 또한 뒤로 물러가면
> 내 마음이 그를 기뻐하지 아니하리라 하셨느니라
> 우리는 뒤로 물러가 멸망할 자가 아니요
> 오직 영혼을 구원함에 이르는 믿음을 가진 자니라
>
> (히 10:37-39)

예수님은 다시 오실 것이다. 미국에서 예수님의 재림을 기다리며 사는 사람들을 만나 본 적은 거의 없다. 주님은 기록된 경고 중에 가장 강력한 경고를 주셨다. 요한계시록이라고 불리는 책이다. 그 누구도 이보다 더 두려운 경고를 준 이는 없었다. 오직 주님만이 약속한 경고를 실행하실 수 있다. 그분은 사랑으로 당시의 교회들에게 경고하셨다. 주님은 회개하라는 메시지를 주시고 회개하지 않으면 심판이 따를 것이라고 말씀하셨다. 이어서 요한계시록을 모두 할애해 그렇게 하지 않을 때 어떤 일이 벌어질지 설명하셨다. 아무도 그분의 명령을 무시하지 않도록 이렇게 긴 경고를 주신 것이다. 하지만 우리는 여전히 그분의 명령을 무시하고 있다. 이제 전능하신 하나님의 경고에 무덤덤해질 대로 무덤덤해져 있다.

교회들에게 보내신 그분의 편지를 읽으면서 그 교회들 중 일부는 미국에서 본 많은 교회들보다 훨씬 더 건강하다는 사실에 나는 큰 두려움을 느낀다. 그럼에도 주님은 그들에게 무서운 경고를 주셨다. 주님이 그들에게 주신 경고를 생각하면 우리에게는 무엇이라고 경고하실지 두려움이 앞선다.

"회개하라 만약 그리하지 아니하면…"

"만일 그리하지 아니하고 회개하지 아니하면 내가 네게 가서 네 촛대를 그 자리에서 옮기리라"(계 2:5).

"그러므로 회개하라 그리하지 아니하면 내가 네게 속히 가서 내 입의 검으로 그들과 싸우리라"(16절).

"만일 그의 행위를 회개하지 아니하면 큰 환난 가운데에 던지고 또 내가 사망으로 그의 자녀를 죽이리니 모든 교회가 나는 사람의 뜻과 마음을 살피는 자인 줄 알지라 내가 너희 각 사람의 행위대로 갚아 주리라"(22-23절).

"내가 도둑같이 이르리니 어느 때에 네게 이를는지 네가 알지 못하리라"(3:3).

"내 입에서 너를 토하여 버리리라"(16절).

예수님이 편지를 보내신 이 교회들은 우리가 사는 도시의 교회들과 쉽게 동질감을 느낄 것이다. 심지어 교회 성장의 모범 사례로 부러움을 살 교회들도 있을 것이다. 소위 '성공한' 사람들을 맹목적으로 추종하거나 모방해서는 안 되는 이유가 여기에 있다. 우리는 진심으로 경건한 리더의 리더십을 따르거나 스스로 그런 리더가 되어야 한다.

내가 이 책에 쓴 내용 역시 맹목적으로 따라서는 안 된다. 오직 성경과 성령만을 쫓아야 한다. 전심을 다해 그분을 구하고 모든 것을 그분에게 의탁하라. 무엇이든 내려놓지 않고 움켜쥐려고 해서는 안 된다. 심지어 가족이라도 마찬가지이다. 주님은 그럴 가치가 있는 분이다.

그분의 신부를 섬기라. 예수님은 곧 다시 오실 것이다. 주님의 신부가 병든 상태로 누워 있는데 한가하게 자신의 일에 몰두할 여유가 없다. 우리는 모두 교회의 병상을 지키면서 중병을 앓는 교회를 보며 가슴을 치고 교회의 회복을 위해 무엇이든 희생할 각오가 되어 있어야 한다.

아버지, 지극히 신성한 무엇인가의 일부가 되도록
우리를 택해 주셔서 감사드립니다.
우리의 게으름으로 교회가 쇠약해지고
우리의 교만으로 교회가 분열된 적이 있다면
용서해 주시기를 구합니다.
어린아이 같은 믿음을 주셔서 성령의 능력으로
교회에 선한 영향을 끼치게 해주소서.
세상의 언어로는 표현할 수 없을 만큼 주님의 신부가
매력적이고 헌신적이며 큰 능력을 갖게 해주소서.
우리가 각자 오직 주님의 영광을 위해 교회 된
신부에 매료되게 해주소서. 용감하고 겸손하게
우리 마음이 이 싸움에 집중하게 해주소서.
매일 우리 마음을 주장해 주셔서
심판하러 재림하실 때 신실하게 주님의 신부를
섬기고 있게 해주소서. 아멘.

후기. 오만에 굴복하지 말라

나는 이 책을 쓰는 내내 마음의 번민으로 괴로웠다. 이 책이 악용되면 교회에 도움이 되기보다 상처를 입힐 것을 알았기 때문이다. 부정적이고 비판 일변도의 사람들이 있기 때문에 교회 내의 문제를 직접적으로 지적하는 것은 매우 어려운 일이다. 그런 사람들은 이 책을 자기를 돌아보는 데 사용하지 않고 다른 사람들을 공격하는 무기로 활용할 것이다. 교만이 교회 안에 기승을 부리고 지식은 오히려 그것을 부추기는 역할을 한다(고전 8:1). 지금도 나는 오만한 사람들이 점령군처럼 목회자의 집무실을 찾아가 교회의 온갖 단점과 문제를 들먹이며 비판하는 모습을 상상할 수 있다. "프랜시스 챈의 이 책을 읽어 보세요. 우리 교회가 바뀌어야 한다는 제 말이 맞다고 하잖아요!" 이런 태도로는 교회에 조금도 유익을 끼칠 수 없다.

우리 중에는 교회의 개혁을 보고 싶은 뜨거운 열정과 설렘으로 밤잠을 이루지 못하는 이들이 적지 않다. 교회가 번성하는 모습을 보고 싶은 간절한 마음이 있다. 하나님께서 우리를 사용하셔서 교회를 변화시키는 모습을 보고 싶다. 그러나 우리 중에 어떤 이들 때문에 하나님께서 교회를 개혁하시기가 어려울 수 있다. 우리가 교회를 변화시키는 데 처참하리만큼 실패하는 이유는 한 가지 때문이다. 겸손하지 않기 때문이다. 하나님은 교만한 자를 대적하겠다고 약속하셨다(약 4:6). 교만한 자는 교회를 살리는 하나님의 도구로 사용되기보다 오히려 교회를 파멸시키는 사탄의 도구로 사용될 수 있다.

> 하나님이 교만한 자를 물리치시고
> 겸손한 자에게 은혜를 주신다 하였느니라
> (약 4:6)

이 책의 마무리를 앞두고 나는 교회가 더 이상 분열하지 않도록 예방하는 차원에서 오만한 사람들에 대해 일침을 가할 필요를 느꼈다. 그러나 막상 글을 쓰려고 하는 순간 이런 지적이 별로 의미가 없으리라는 사실을 깨달았다. 오만한 사람에게 그의 오만을 지적해 본 적이 있는가? 이 책을 읽고 있는 이들 중에도 매우 오만한 사람이 있겠지만 오만한 사람은 그런 자신의 모습을 자각할 수 없다. 지금 이 글을 읽고 있더라도 마치 내가 누군가 다른 사람의 오만을 지적하는 것처럼 고개를 끄덕이며 맞장구를 치고 있을지 모른다. 이런 생각이 들자 나는 다소 절망적인 기분이 들었고 방식을 바꾸어 보기로 했다. 오만한 자들이 스스로의 모습을 자각하도록 하는 대신, 그런 사람들과 살아야 하는 이들을 격려하는 글을 쓰기로 한 것이다. 오만한 자들을 사랑하기 위한 리더에게 주는 안내서라고 부를 수 있을지 모르겠다.

비난을 들으면 나는 자제하기 힘들 정도로 화를 내거나 깊은 낙심에 빠지기 일쑤였다. 목회자에 대한 과도한 비난은 교회에도 좋지 않다. 그것은 마치 걷잡을 수 없이 쏟아지는 비난을 견디지 못하고 목회를 포기하려고 하는 사역자들을 매주 만나는 셈이다. 교회는 이제 주님의 종을 잃어도 될 정도로 상황이 한가롭지 않다. 사람들의 비난에 목회를 포기하고 싶은가? 내가 이런 글을 쓰고 있는 이유는 바로 그런 사역자들이 포기하지 않도록 격려하고, 또한 오만한 자들을 대상으로 사역할 때 성공할 수 있도록 돕고 싶어서이다. 이런 공격을 더 이상 견딜 자신이 없어서 소명을 포기하고 떠난 사람들도 있을 것이다. 지하에 틀어박힌 채 블로그나 팟캐스트로 다른 사람을 비난하는 편이 훨씬 더 쉬울지 모르지만 부디 용기를 내어 사람들을 세우는 일에 더욱 진력할 것을 당부드린다. 건물을 짓는 것보다 무너뜨리는 일이 훨씬 쉽다. 비난을 견디고 교회를 세우기 위해서는 극도의 인내가 필요하겠지만 교회는 그럴 가치가 있다. 교회에는 사람들의 비난과 비판을 기꺼이 감수하고자 하는 리더들이 그렇게 많지 않다. 스스로 겸허한 마음으로 비난을 너그럽게 받아들이는 법을 배울 수 있다면 여태껏 경험하지 못한 최고의 날이 올 수 있다.

하나님은 교회가 권위를 존중하는 최후의 유일한 기관이 되기를 원하신다. 실제로 왕을 모시기를 기뻐하며 그분의 명령에 감사하는 이질적인 사람들의 무리로 변화되기를 바라신다. 교회 지도자들을 교회에 주신 하나님의 선물로 보기를 원하신다. 하나님 역시 교회 지도자들을 이렇게 바라보고 계시기 때문이다.

> 그가 어떤 사람은 사도로, 어떤 사람은 선지자로,
> 어떤 사람은 복음 전하는 자로,
> 어떤 사람은 목사와 교사로 삼으셨으니
> 이는 성도를 온전하게 하여 봉사의 일을 하게 하며
> 그리스도의 몸을 세우려 하심이라
>
> (엡 4:11-12)

하나님이 이런 지도자들을 주신 이유는 교회가 성숙하도록 하기 위해서이다. 누군가가 지도자들을 선물이라고 말하는 것을 들은 때가 마지막으로 언제인가?

최근에 나는 교회에서 누군가가 "저는 장로님들이 리더십을 발휘하여 우리를 도와주셔서 정말 좋아요"라고 말하는 소리를 들었다. 얼핏 들으면 오해를 살 수도 있는 말이었다. 권위에 대해 감사하는 사람이 있다고? 무척이나 듣고 싶었던 말이지만 참 이상하게 들렸다. 현재의 문화적 풍토에서 권위를 존중하고 고마움을 표현하는 말은 어디서도 듣기 어렵다. 하지만 이런 말을 통해 우리는 담대하게 진리를 대변할 기회를 얻는다.

무엇보다 우리는 역사상 어디서도 찾아볼 수 없는 한 왕을 섬기고 있다. 그분은 그분의 아버지에게 기쁨으로 복종했던 왕이다. 실제로 예수님은 아버지께서 일러주신 것만 말하고 실행하겠다고 말씀하셨다.

> 그러므로 예수께서 그들에게 이르시되
> 내가 진실로 진실로 너희에게 이르노니 아들이
> 아버지께서 하시는 일을 보지 않고는 아무것도
> 스스로 할 수 없나니 아버지께서 행하시는 그것을
> 아들도 그와 같이 행하느니라
>
> (요 5:19)

> 내가 내 자의로 말한 것이 아니요 나를 보내신
> 아버지께서 내가 말할 것과 이를 것을 친히
> 명령하여 주셨으니 나는 그의 명령이 영생인 줄
> 아노라 그러므로 내가 이르는 것은 내 아버지께서
> 내게 말씀하신 그대로니라 하시니라
>
> (요 12:49-50)

우리 문화는 이런 식의 복종이 종종 자기를 비하하는 약자의 태도라고 받아들인다. 그러나 전능하신 예수님이 바로 이렇게 복종하는 모습을 보여 주셨다. 그분은 리더십에 복종하셨다.

오직 그분의 아버지만을 찬양하셨다. 현재의 풍토에서는 찾아보기 어려운 모습이지만 우리는 그분의 이런 모습을 본받아야 한다. 그분은 겸손한 지도자이자 겸손한 추종자이셨다. 주님의 겸손에 약자의 비굴함 따위는 없었다. 우리 모두에게 주님의 이런 겸손함이 보인다면 수많은 사람들이 교회로 나아올 것이다.

이런 원리들을 소개한다고 해서 내가 이 원리들을 모두 완벽하게 터득했다는 말은 절대 아니다. 나는 여전히 쉽게 화를 내고 자기를 방어하는 데 급급하며 쉽게 낙담한다. 하지만 이런 원리들은 내 생각을 다잡는 데 도움이 되는 성경적 원리이다. 이런 원리들을 되새기며 나는 어느 면에서 인격적으로 성장할 수 있었다. 부디 당신도 이 원리들의 유익함을 확인할 수 있기를 바란다. 겸손함과 너그러운 마음으로 매사에 비판적이고 부정적인 사람들을 섬길 수 있는 길이 있다. 그들이 성장할 수 있으리라고 장담할 수 없지만 당신은 반드시 성장하게 될 것이다.

온전히 기쁘게 여기라

내 형제들아 너희가 여러 가지 시험을 당하거든
온전히 기쁘게 여기라 이는 너희 믿음의 시련이
인내를 만들어 내는 줄 너희가 앎이라 인내를
온전히 이루라 이는 너희로 온전하고 구비하여
조금도 부족함이 없게 하려 함이라
(약 1:2-4)

누구에게도 전혀 공격을 당하지 않고 온전한 성숙에 이를 수는 없다. 교회 내부에서 공격을 받을 때는 더욱 억울하다는 생각이 들 수 있다. 그럼에도 하나님은 우리를 거룩하게 하시는 데 그 상황을 이용하신다. 우리가 예수님의 성품을 닮아가기 위해서는 유다와 같은 사람이 필요하다. 주변 사람들에게 칭찬만 듣고 사랑만 받는 사람이 하나님이 자기 자녀들에게 원하시는 인격을 갖추기란 거의 불가능에 가깝다. 교만한 사람들과 마찬가지로 온정적인 사람들 역시 우리의 성장에 크게 도움이 되지 않는다. 우리를 사랑하는 사람들만을 사랑한다면 그리스도의 사랑을 드러내기 어렵다. 그리스도의 사랑은 우리를 비방하는 사람들을 사랑할 때 증명할 수 있다(마 5:44-45). 거룩함을 향해 나아가는 자신을 보고 기쁨을 누리라. 나를 힘들게 하는 사람들에 대해 감사하는 수준에 이를 때까지 성장하도록 스스로를 담금질하라.

겸손히 귀를 기울이라

누군가가 눈에 거슬리는 태도로 말한다고 해서 그 말의 내용마저 다 틀리지는 않다. 나는 오만을 오만함으로 되갚아 주는 잘못을 수없이 저질렀다. 이를 악물고 마음의 평정을 지키는 데만 골몰한 적이 너무나 많았다. 나를 비난하는 그 말에 담긴 진실에 귀 기울이기 위해서는 내게 없는 다른 차원의 겸손이 필요했다.

다윗에 대한 아래의 이야기를 읽으면 나는 항상 감동이 되면서 동시에 고개를 갸우뚱하게 된다.

스루야의 아들 아비새가 왕께 여짜오되
이 죽은 개가 어찌 내 주 왕을 저주하리이까
청하건대 내가 건너가서 그의 머리를 베게 하소서
하니 왕이 이르되 스루야의 아들들아 내가 너희와
무슨 상관이 있느냐 그가 저주하는 것은 여호와께서
그에게 다윗을 저주하라 하심이니 네가 어찌
그리하였느냐 할 자가 누구겠느냐 하고 또 다윗이
아비새와 모든 신하들에게 이르되
내 몸에서 난 아들도 내 생명을 해하려 하거든
하물며 이 베냐민 사람이랴 여호와께서 그에게
명령하신 것이니 그가 저주하게 버려두라 혹시
여호와께서 나의 원통함을 감찰하시리니 오늘 그
저주 때문에 여호와께서 선으로 내게 갚아 주시리라
하고 다윗과 그의 추종자들이 길을 갈 때에
시므이는 산비탈로 따라가면서 저주하고
그를 향하여 돌을 던지며 먼지를 날리더라

(삼하 16:9-13)

다윗 왕이 그의 군대와 함께 피신을 가는 모습을 상상해 보라. 이때 어떤 어리석은 자가 따라와서 그에게 돌을 던지고 욕설을 퍼붓는다. 다윗의 군사들은 그 사람의 목을 베서 죽일지 물어본다. 다윗은 그를 버려두라고 대답한다. 다윗은 왜 이런 판단을 내린 것일까? 다윗은 하나님이 그 사람을 자신에게 보내셨을지 모른다고 생각했다. 그래서 하나님의 메시지일 가능성을 생각하며 그 저주를 참을성 있게 들었다.

솔직히 말해 나는 거만하게 구는 사람들의 말을 가만히 듣고 있을 때가 거의 없다. 비난을 들으면 대체로 방어적이 되고 말다툼을 하거나 빈정거리게 된다. 그러나 최근에 하나님의 은혜로 무례하게 나를 비난하는 말을 들으면서도 그 안에 담긴 진실에 귀 기울일 수 있었던 적이 몇 차례 있었다. 나의 잘못을 지적하며 무작정 나를 비난하는 사람에게 감사하다고 말한 적도 두 번이나 있었다. 겸손할 때 긴장이 감돌던 상황이 얼마나 쉽게 해소되는지 놀라울 따름이다. 분노에 차서 우리를 비난하는 말을 묵인하라는 뜻으로 이런 말을 하는 것이 아니다. 그러나 지도자로서 우리는 겸손의 본을 보여야 하며 위선의 덫에 걸리지 않도록 해야 한다. 그것은 성난 불에 기름을 끼얹는 격이 될 뿐이다.

저들을 용서하라. 저들은 저들이 하는 일을 모른다

로마서 11장에서 하나님은 이방인들이 많은 유대인들과 다른 경로로 하나님을 알게 되었다고 해서 오만할 이유가 없음을 경고하신다. 바울은 그들이 진리에 눈을 뜨게 된 것은 오직 하나님의 은혜 때문이라고 강조했다. 반면에 일부 유대인들에 대해서는 이렇게 말했다. "하나님이 오늘까지 그들에게 혼미한 심령과 보지 못할 눈과 듣지 못할 귀를 주셨다 함과 같으니라"(8절). 바울이 강조하는 핵심은 어떤 영적 자각이든 하나님이 선물로 주신 것이므로 자랑할 이유가 없다는 것이다.

이렇게 생각해 보자. 아들에게 페라리 신차를 사 주었는데 (절대 이런 일은 없을 것이다) 아들이 자전거로 학교에 다니는 친구들을 우습게 본다고 한다면 어리석기 그지없을 것이다. 그는 자신은 차를 사는 데 아무 기여도 하지 않았으며 부모의 재력 덕을 본 아이에 불과하다는 사실을 잊지 않는 지혜를 가져야 했다. 그 차는 그냥 선물로 받은 것이었다. 그에게는 자랑할 이유가 전혀 없었다. 마찬가지로 당신이 조금이라면 겸손하다면 그것은 오직 하나님의 은혜 덕분이다. 하나님이 겸손함을 축복으로 주신 것이다. 진심으로 이 사실을 믿는다면 동일한 은혜를 받지 않았다고 다른 사람들에게 화를 낼 이유가 없다. 하나님이 은혜로 주신 지혜나 겸손함이 있다면 하나님께 감사하라. 상처를 준 사람이 있다면 가능한 빨리 용서하고, 하나님의 자비로 그들의 눈을 열어 주시기를 기도하라.

오만한 사람들을 관용하라

> 믿음이 강한 우리는 마땅히 믿음이 약한 자의
> 약점을 담당하고 자기를 기쁘게 하지 아니할 것이라
> 우리 각 사람이 이웃을 기쁘게 하되 선을 이루고
> 덕을 세우도록 할지니라 그리스도께서도 자기를
> 기쁘게 하지 아니하셨나니 기록된 바 주를 비방하는
> 자들의 비방이 내게 미쳤나이다 함과 같으니라
>
> (롬 15:1-3)

나는 오랫동안 글로 사람들을 비판하곤 했다. 미성숙했던 나는 나를 괴롭히는 사람들을 어떻게 사랑해야 하는지 알지 못했다. 그런 사람들은 일단 피하고 보는 편이 훨씬 편했다. 나는 이런 내 행동을 여러모로 합리화하는 나름의 방법을 터득했지만 궁극적으로 하나님은 그런 나의 행동을 기뻐하지 않으셨다. 하나님은 우리에게 "믿음이 약한 자의 약점을 담당"하라고 명령하셨다(1절). 이것이 우리의 의무라고 말씀하셨다. 사람들은 누구나 자기를 괴롭히는 오만한 사람들을 기피하는 경향이 있다. 하나님은 우리에게 이렇게 반응하지 말라고 말씀하셨다. "자기를 기쁘게 하지 아니할 것"이라고 하셨다(1절). 실제로 사람들이 우리 마음을 상하게 할 때도 있지만 우리는 우리 감정보다는 하나님의 교회를 더 중요하게 여기는 법을 배워야 한다. 주님의 신부를 고결하게 높이기를 바라기보다 우리 감정의 정당성을 확인하는 데 골몰하면 우리 교회는 실제적인 손상을 입을 수 있다.

더 이상 만나고 싶지 않은 사람들이 누구에게나 있을 것이다. 하나님께서 누군가가 교회에서 더 이상 보이지 않게 해주시기를 기도한 적이 있을지도 모른다. 오만한 사람들은 함께 지내기가 쉽지 않다. 하지만 그런 사람들을 피한다고 능사는 아니다. 우리는 그리스도께서 우리에게 하신 대로 사람들을 사랑하고 '비방'을 감내할 의무가 있다.

> 그러나 여호와께서 기다리시나니 이는 너희에게
> 은혜를 베풀려 하심이요 일어나시리니

> 이는 너희를 긍휼히 여기려 하심이라
>
> (사 30:18)

이스라엘 백성들이 불순종하고 반역함으로 하나님이 베푸신 사랑을 조롱하더라도 하나님은 그때마다 그들을 사랑하셔서 그들을 용납하시는 은혜를 베풀어 주셨다. 우리와 달리 하나님은 절대 실수하지 않으시는 완벽하게 거룩하신 왕이다. 그렇다면 우리 같은 인간은 더욱더 견디며 다른 사람들의 연약함을 긍휼히 여겨야 마땅하지 않겠는가?

분열을 용납하지 말라

우리는 오만한 사람들까지 사랑하도록 부르심을 받았지만 정식으로 대면하고 싸워야 할 때가 있다. 그들이 험담을 하거나 교회의 리더십이나 교인들에 대해 부정적으로 말한다면 대처가 달라져야 한다.

> 분파를 일으키는 사람은
> 한두 번 타일러 본 뒤에 물리치십시오.
> 그대가 아는 대로, 이런 사람은 옆길로 져버렸으며,
> 죄를 지으면서 스스로 단죄를 하고 있습니다.
>
> (딛 3:10-11, 새번역)

개인적으로 나는 이 명령을 진지하게 받아들이는 교회들을

본 적이 거의 없는 것 같다. 이 명령대로 실행했다면 교회는 훨씬 더 건강해졌을 것이다. 오만한 사람들은 남에 대해 쉽게 험담하는 경향이 있고 이렇게 해서 하나님이 설정하신 경계를 침범하게 된다. 분열을 일삼는 사람으로 인해 교회가 얼마나 쉽게 불화를 겪고 분열하게 되는지 두려울 따름이다. 지도자들이 분열을 초래하는 사람들을 단호히 꾸짖고 교회에서 내보낼 정도로 과감하게 대처하지 않았기 때문에 많은 교회들이 파괴되었다. 성경은 그 사람을 한두 번 훈계한 후에 멀리하라고 분명히 말한다(10절). 우리는 그 사람을 정죄하려는 것이 아니다. 본문은 "스스로 단죄" 즉 다시 말해 자신이 이런 형벌을 자초했다고 분명히 말하고 있다. 이런 사람들을 멀리하지 않는다면 성경 말씀에 불순종하는 죄를 짓게 된다.

대부분 사람들은 누군가를 교회에서 내보내면 너무 몰인정하다고 생각한다. 그런 사람들은 온정을 베푼다는 미명하에 성경 말씀을 어기는 것이다(마 18:15-20, 고전 5; 딛 3:10-11). 우롱을 당해서는 안 된다. 이런 태도는 온정을 베푸는 것이 아니라 하나님의 말씀에 불순종하는 것이다. 이런 사람들을 교회에 그대로 방치한다면 하나님의 교회를 거룩하게 여기지 않는 셈이다. 아무 조치도 취하지 않고 방관함으로 누군가가 하나님의 거룩한 교회를 분열시키도록 허용하는 것이다. 하나님은 이런 자를 방치하는 행위를 용납하지 않으신다.

앞에서 다윗이 사울의 기름 부음 받음을 인정하고 그를 어떻게 존중했는지에 관해 쓴 적이 있다. 그러나 다윗의 아들 압살롬의 행동을 유심히 살펴본 적이 있는가? 사무엘하 15장을 읽어 보라. 압살롬과 같은 태도와 행동은 오늘날 교회에 너무나 만연해 있다.

> 압살롬이 일찍이 일어나 성문 길 곁에 서서
> 어떤 사람이든지 송사가 있어 왕에게 재판을 청하러
> 올 때에 그 사람을 불러 이르되 너는 어느 성읍
> 사람이냐 하니 그 사람의 대답이 종은 이스라엘
> 아무 지파에 속하였나이다 하면 압살롬이 그에게
> 이르기를 보라 네 일이 옳고 바르다마는 네 송사를
> 들을 사람을 왕께서 세우지 아니하셨다 하고
> 또 압살롬이 이르기를 내가 이 땅에서 재판관이
> 되고 누구든지 송사나 재판할 일이 있어 내게로
> 오는 자에게 내가 정의 베풀기를 원하노라 하고
> 사람이 가까이 와서 그에게 절하려 하면 압살롬이
> 손을 펴서 그 사람을 붙들고 그에게 입을 맞추니
> 이스라엘 무리 중에 왕께 재판을 청하러
> 오는 자들마다 압살롬의 행함이 이와 같아서
> 이스라엘 사람의 마음을 압살롬이 훔치니라
> (삼하 15:2-6)

압살롬이 어떤 말을 하는지 잘 살펴보았는가? 그는 다윗의 리더십을 폄하하고 부정적으로 말했다. 하지만 그 방법이 너무나 교묘하고 치밀했다. 상대방의 상황이 호전되기를 염원한다며 본심을 드러내지 않았고, 자신이 지도자가 되면 대대적인 변화가 일어날 것이라는 기대감을 심어 주었다. 이런 방법으로 그는 이스라엘 사람의 마음을 훔쳤다(6절). 어떤 교회를 가더라도 교묘한 말로 추종 세력을 모으는 압살롬들이 있다. 지도자의 리더십 능력에 대해 의문을 품도록 부추기고, 자신들이라면 다르게 조치했을 것이라고 이야기한다. 압살롬처럼 자신의 악의를 가리기 위해 상대방을 배려하는 것처럼 이야기한다. 이런 위선에 농락당해서는 안 된다. 사람들의 불평과 상처를 판단하지 않고 기꺼이 들어주기 때문에 스스로 '안전한 곳'에 있다고 착각하는 이들이 이미 너무나 많이 있다. 혹시 자신이 이런 부류의 사람이라고 생각한다면 이것이 은사가 아니라 약점이라는 사실을 기억하라. 세상의 압살롬들이 교회를 분열시키도록 일조하는 사람은 바로 당신처럼 누군가를 험담할 때 나무라지 않고 수동적으로 듣고만 있는 사람들이다. 누구든지 하나님의 거룩한 교회를 분열시키거나 기름 부음 받은 하나님의 지도자들을 비방하도록 허용하지 말라. 다른 성도에 대해 부정적으로 말하는 사람이 있다면 그 사람이 공격하는 당사자와 직접 대면하도록 해주라. 용기를 내어 화해를 주선하라. "화평하게 하는 자는 복이 있나니"(마 5:9).

눈물에 속지 말라

교회나 교회 지도자에게 상처를 받은 사람들의 문제를 가볍게 생각해서 이런 말을 하는 것이 아니다. 이 책을 쓴 이유는 교회에서 부족하거나 결핍된 부분을 지적하기 위해서이다. 다른 사람들에게 학대를 당하거나 고통당하는 이들을 무시하려는 것도 아니다. 스스로를 모든 이야기의 희생자로 만드는 데 놀라우리만치 뛰어난 사람들이 교회 안에 있다는 사실을 염두에 두라고 요청하는 것이다. 그들은 전문적인 희생자들이며 그 원인은 보통 교만에서 찾을 수 있다. 그들은 눈물로 거의 항상 승리가 보장된다는 것을 알고 있다. 한 번으로 성공하지 못한다면 울고 또 울어 보라. 일단 눈물을 흘리면 희생자가 될 수 있고 이것은 눈물을 흘리게 만든 장본인이 나쁜 사람이 되어야만 한다는 뜻이다. 눈물은 강력한 무기가 될 수 있다.

이 문제를 처음으로 다루었던 때가 지금도 기억에 생생하다. 20년 전 나는 싱글들의 모임에서 강연을 했다. 강연이 끝나고 사람들이 나와 대화를 나누려고 줄을 서서 기다렸다. 어떤 사람들은 상담을 원했고 어떤 이들은 격려를 원했다. 그중 한 소녀는 대화 중에 불쑥 자신이 지었던 죄를 털어놓았다. 내가 그 죄의 심각성을 설명해 주면서 회개해야 한다고 타이르자 그 소녀는 바닥에 털썩 주저앉았다. 공처럼 몸을 잔뜩 웅크리더니 크게 소리 내어 울기 시작했고 급기야 몸을 떨면서 "저를 위협하지 마세요. 불안해진단 말이에요"라고 소리쳤다. 즉각적인 승리였다. 내가 나쁜 짓을 저지르기라도 한 것처럼 사람들이 일제히 나를 바라보았다. 이제 나는 어쩔 수 없이 그녀의 어깨를 토닥이며 상처를 주어서 미안하다고 사과할 수밖에 없었다. 관심의 초점이 그녀가 지은 죄가 아니라 그녀가 받은 상처로 이동했다. 갑자기 나는 죽을 죄인이 되었고 그녀는 희생자가 되었다. 외통수였다. 사과를 하면서 상황을 수습하지 않고 그녀를 바라보기만 해도 몰인정한 사람으로 몰릴 수밖에 없었다. 상황은 그것으로 끝나지 않았다. 이제 그녀는 울면서 내가 자신에게 큰 상처를 주었다고 사람들에게 설명하기 시작했다.

    물론 사람들의 눈물은 대체로 순수하고 우리의 위로를 필요로 한다. 타인의 상처에 무감각해지고 싶지는 않다. 다만 자식을 기르는 부모들처럼 우리는 진짜 눈물인지 아니면 남을 속이는 가짜 눈물인지 그리고 남들의 이목을 끌고자 하는 눈물인지 분별하는 법을 배워야 한다. 측은지심으로 우는 사람을 보면 무조건 위로해 주어야 한다고 착각할지 모르지만 위로만이 우는 사람들을 사랑하는 최선의 방법은 아니다. 사도 바울은 교인들의 눈물을 흘리게 만든 것을 후회하지 않았다. 실제로 그들을 근심하게 한 것이 옳았다고 설명했다. 바울은 고린도 교인들을 사랑하는 마음으로 그들이 회개에 이르기를 바라며 그들을 근심하게 만들었다.

> 그러므로 내가 편지로 너희를 근심하게 한 것을
> 후회하였으나 지금은 후회하지 아니함은 그 편지가
> 너희로 잠시만 근심하게 한 줄을 앎이라 내가 지금
> 기뻐함은 너희로 근심하게 한 까닭이 아니요 도리어
> 너희가 근심함으로 회개함에 이른 까닭이라 너희가
> 하나님의 뜻대로 근심하게 된 것은 우리에게서 아무

> 해도 받지 않게 하려 함이라 하나님의 뜻대로 하는
> 근심은 후회할 것이 없는 구원에 이르게 하는 회개를
> 이루는 것이요 세상 근심은 사망을 이루는 것이니라
>
> (고후 7:8-10)

그들이 스스로에 대한 연민의 잔치에서 빠져나와 자신보다 하나님을 더욱 집중적으로 바라보며 살아갈 수 있도록 깊은 사랑의 도움을 베풀도록 하자.

생각을 다스리라

> 끝으로 형제들아 무엇에든지 참되며 무엇에든지
> 경건하며 무엇에든지 옳으며 무엇에든지 정결하며
> 무엇에든지 사랑 받을 만하며 무엇에든지
> 칭찬 받을 만하며 무슨 덕이 있든지
> 무슨 기림이 있든지 이것들을 생각하라
>
> (빌 4:8)

우리가 저지르는 가장 큰 실수 중 하나는 교만한 사람들에게 생각을 빼앗기는 것이다. 사람들이 우리에게 무례를 저질렀거나 불쾌하게 했던 사례들을 끊임없이 머릿속으로 되뇐다. 이렇게 할 때 우리는 기쁨을 누릴 수 없고 하나님이 마땅히 받으셔야 하는 예배를 드릴 수 없다.

에베소서 5장은 성령으로 충만한 사람은 늘 하나님을 예배하고 감사를 드리는 데 집중한다고 설명한다. 사탄은 우리가 찬양을 드리고 감사할 때를 싫어한다. 그래서 예배를 방해하느라 혈안이 되어 있다. 우리가 좌절감과 낙심에 휩싸여 하나님을 찬양하지 않을 때 기뻐서 쾌재를 부른다. 사탄에게 승리를 안겨 주지 말라. 생각을 다스리라.

예수님을 찬양하라

이 방법이 내게는 매우 큰 도움이 되었다. 부당한 취급을 받고 억울하다는 생각이 들 때마다 나는 예수님을 찬양하기 시작했다. 이런 방법으로 주님이 이루어 주신 일에 지금도 경이로움을 느낀다. 내가 어떤 억울한 일을 당하든지 그리스도께서 견디신 끔찍한 수모와 고난과 비교하면 아무것도 아니었다. 전능하신 창조주께서 어떻게 그분의 피조물에게 고문을 당하실 수 있단 말인가? 이 글을 쓰는 지금도 그분의 낮아지심에 경이를 표현할 수밖에 없다. 겸손하지 못한 나를 보고 자학하기보다 자신을 죽기까지 낮추셨던 예수님을 찬양한다.

그분의 겸손하심을 묵상할수록 그분을 찬양하고 그분을 닮고 싶은 마음이 더욱 강렬하게 불타오른다. 이제 예수님을 찬양하는 시간을 가지자. "믿음의 주요 또 온전하게 하시는 이인 예수를 바라보자 그는 그 앞에 있는 기쁨을 위하여 십자가를 참으사 부끄러움을 개의치 아니하시더니 하나님 보좌 우편에 앉으셨느니라"(히 12:2).

어떤 대가를 치르더라도 승리하라

나는 지기를 너무나 싫어한다. 때로 논쟁에서 이기려고 물불을 가리지 않을 때도 있다. 그럴수록 어느새 사랑은 무의미해지고 내가 옳다는 것을 입증하는 데 골몰한다. 이런 내 모습이 나도 정말 싫다. 이기는 데 집착한다는 것은 예수님께 집중하지 않는다는 뜻이다. 이런 이유로 나는 나의 생각을 바꾸느라 부단히 노력했다.

과도한 경쟁심과 승부욕을 처리하느라 힘들어하는 사람들이 오히려 유익한 방향으로 이런 본성을 이용할 방법이 있다. 무엇보다 경쟁을 권장하는 말씀이 성경에 있다. "서로 우애하고 존경하기를 서로 먼저 하며"(롬 12:10). 우리가 하는 경쟁은 세상에서 하는 경쟁과 다르며 우리는 하나님의 은혜를 얻을 때 최고의 승리자가 될 수 있다. 그렇다고 일종의 행위 구원을 강조하려는 것은 아니다. 하나님께서 겸손한 자들을 축복하신다고 말하는 수많은 성경 구절들이 있다는 것이다. 겸손은 선물이지만 가만히 있으면 주어지지 않는다. 하나님은 스스로 겸손하라고 우리에게 명령하신다. 기도로 겸손을 구해야 하지만 또한 노력해서 얻어야 한다. 겸손을 추구하도록 격려하는 말씀을 아래 소개하고자 한다. 내가 즐겨 암송하는 구절 중 하나이다.

지극히 존귀하며 영원히 거하시며 거룩하다
이름하는 이가 이와 같이 말씀하시되 내가 높고
거룩한 곳에 있으며 또한 통회하고 마음이 겸손한

자와 함께 있나니 이는 겸손한 자의 영을 소생시키며
통회하는 자의 마음을 소생시키려 함이라

(사 57:15)

이제 이 책을 마무리하는 이 시점에서 이 절을 반복해서 읽고 마음에 새기는 시간을 가지라. 이 장을 마무리하는 데 이 구절처럼 안성맞춤인 것은 없다. 이 구절을 암송하고 적어 보라. 벽에 써서 걸어 두라. 친구들에게 문자로 보내 주라. 한 자 한 자 묵상하라. 이 말씀을 읽고도 겸손을 위한 싸움을 하고 싶다는 열망이 생기지 않는다면 아무 소용이 없다. 우리가 통회하며 겸손할 때 거룩하신 우리 하나님이 우리와 함께해 주실 것이다.

주

2장

1. Tim Sharp, "How Far Is Earth from the Sun?," Space.com, 2017년 10월 18일, www.space.com/17081-how-far-is-earth-from-the-sun.html.

3장

1. "Religious Service Attendance (Over Time)," Association of Religion Data Archives, 2018년 5월 23일 접속, www.thearda.com/quickstats/qs_105_t.asp.
2. Søren Kierkegaard, *Provocations: Spiritual Writings* (Walden, NY: Plough, 2002), 168.
3. Alan Hirsch, *The Forgotten Ways: Reactivating Apostolic Movements* (Grand Rapids, MI: Brazos, 2016), 34–35. (「잊혀진 교회의 길」, 아르카, 2020).
4. Mike Breen, *Building a Discipling Culture: How to Release a Missional Movement by Discipling People Like Jesus Did*, 3rd ed. (Greenville, SC:3DM Publishing, 2017), n.p.
5. David Platt, *Radical Together: Unleashing the People of God for the Purpose of God* (Colorado Springs: Multnomah, 2011), 59–60. (「래디컬 투게더」, 두란노, 2012).

5장.

1. Mike Breen, *Building a Discipling Culture: How to Release a Missional Movement by Discipling People Like Jesus Did*, 3rd ed. (Greenville, SC: 3DM Publishing, 2011), 11.

2. A. W. Tozer, *Tozer for the Christian Leader: A 365-Day Devotional* (Chicago: Moody, 2001), 9월 2일자.

6장

1. Hugh Halter, *Flesh: Bringing the Incarnation Down to Earth* (Colorado Springs: David C Cook, 2014), 119. (「믿음을 살다」, CUP, 2016).

7장

1. John Collins, "Anything Is Possible," Ironman, 2018년 5월 24일 접속, www.ironman.com/#axzz5GSFlau30.
2. "Evangelical Growth," Operation World, 2018년 5월 24일 접속, www.operationworld.org/hidden/evangelical-growth.

8장

1. *Madagascar*, directed by Eric Darnell and Tom McGrath (Glendale, CA: DreamWorks Animation, 2005).
2. Alan Hirsch, *The Forgotten Ways: Reactivating Apostolic Movements* (Grand Rapids, MI: Brazos, 2016), 176. (「잊혀진 교회의 길」, 아르카, 2020).
3. David Garrison, "Church Planting Movements: The Next Wave?," *International Journal of Frontier Missions* 21, no. 3 (2004년 가을): 120–121.

9장

1. Tim Chester and Steve Timmis, *Total Church: A Radical Reshaping around Gospel and Community* (Wheaton, IL: Crossway, 2008), 18. (「교회다움」, IVP, 2012).
2. *Read Scripture*, v.7.0.0 (Crazy Love Ministries, 2018), readscripture.org.
3. Reach Beyond, *Great Commission Action Guide*, 2018년 5월 25일 접속, https://reachbeyond.org/Advocate/RBActionGuide.pdf.
4. "25 Best Global Companies to Work For," Fortune, 2018년 5월 25일 접속, 2018, http://fortune.com/global-best-companies/hyatt-19/.

5. "How Many Employees Does Airbnb Have?," Quora, 2015년 11월 14, www.quora.com/How-many-employees-does-Airbnb-have-1.

6. Avery Hartmans, "Airbnb Now Has More Listings Worldwide Than the Top Five Hotel Brands Combined," Business Insider, 2017년 8월 10일, www.businessinsider.com/airbnb-total-worldwide-listings-2017-8.

7. "New York City, New York Population 2018," World Population Review, 2018년 5월 25일 접속, http://worldpopulationreview.com/us-cities/new-york-city-population/.

8. Lyle E. Schaller, *The Interventionist* (Nashville: Abingdon, 1997), 70.

교회의 부르심

1판 1쇄 인쇄 2024년 7월 5일
1판 1쇄 발행 2024년 7월 10일

지은이	프랜시스 챈
옮긴이	김진선
발행인	조애신
편집	이소연
디자인	임은미
마케팅	전필영, 권희정
경영지원	전두표

발행처	도서출판 토기장이
주소	서울시 마포구 동교로 71-1 2F
출판등록	1998년 5월 29일 제1998-000070호
전화	02-3143-0400
팩스	0505-300-0646
이메일	tletter77@naver.com
인스타그램	togijangi_books_

ISBN	978-89-7782-524-6

- 이 책은 저작권 법에 따라 보호를 받는 저작물이므로 무단 전재와 무단 복제를 금합니다.
- 이 책의 전부 또는 일부를 이용하려면 반드시 저자와 도서출판 토기장이의 동의를 받아야 합니다.

도서출판 토기장이는 생명 있는 책만 만듭니다.
"우리는 진흙이요 주는 토기장이시니 우리는 다 주의 손으로 지으신 것이니이다" (이사야 64:8)